Martin Maas

Praxiswissen Vertrieb

Martin Maas

Praxiswissen Vertrieb

Berufseinstieg, Tagesgeschäft
und Erfolgsstrategien

Die Deutsche Bibliothek – CIP-Einheitsaufnahme
Ein Titeldatensatz für diese Publikation ist bei
Der Deutschen Bibliothek erhältlich

1. Auflage, September 2001

Lektorat: Margit Schlomski

Der Gabler Verlag ist ein Unternehmen der Fachverlagsgruppe BertelsmannSpringer.

www.gabler.de

Umschlaggestaltung: Schrimpf und Partner, Wiesbaden
Satz: Publishing Service R.-E. Schulz, Dreieich
Druck und buchbinderische Verarbeitung: Wilhelm & Adam, Heusenstamm

Gedruckt auf säurefreiem und chlorfrei gebleichtem Papier.

Printed in Germany

ISBN 3-409-11776-8

für Charlotte und Murielle
(unverkäuflich)

Vorwort

Die Rahmenbedingungen der Wirtschaft verändern sich ständig – mit ihnen steigt die Komplexität im Verkauf erklärungsbedürftiger Investitionsgüter. Seit einiger Zeit setzt sich die Erkenntnis durch: Kunden wünschen Lösungen, keine Produkte. Dies wird durch den gegenwärtigen Wandel von der „analogen" hin zur „digitalen" Welt zusätzlich verstärkt. In vielen Unternehmen gewinnt der Vertriebsbereich zunehmend an Bedeutung. In gleichem Maße wachsen die Anforderungen an Vertriebsmitarbeiter und -ingenieure. Insgesamt bestehen mehr als je zuvor gute Voraussetzungen für interessante, anspruchsvolle und vielfältige Tätigkeiten im Vertriebsbereich – von Unternehmen werden attraktive Positionen und günstige Karrieremöglichkeiten angeboten. Persönliche Qualitäten wie Durchsetzungsvermögen, Anpassungsfähigkeit, Erfolgswillen, Einfühlungsvermögen, die einen erfolgreichen Vertriebsmitarbeiter ausmachen, sind auch im Top-Management gefragt. Und: immer mehr Top-Manager verfügen heutzutage über einschlägige Vertriebserfahrungen. Es ist davon auszugehen, dass dieser Trend sich weiter verstärken wird.

Eine moderne Vertriebsorganisation muss sich ständig neuen Herausforderungen stellen und anpassen können, damit auch in Zukunft der Erfolg sichergestellt werden kann. Obwohl neue Vertriebsformen wie E-Commerce auch in Bereiche des Gebrauchs- und Investitionsgütervertriebs vorstoßen und zum Teil etablierte Vertriebsformen ersetzen, hat zweifelsfrei der persönliche Vertrieb auch in Zukunft eine große Bedeutung. Diesen gilt es jedoch zu optimieren und dort einzusetzen wo seine Wertschöpfung am größten ist.

Dieses Buch wendet sich in erster Linie an Berufseinsteiger im Vertrieb. Es bietet einen Einblick in die aktuelle Situation des Investitionsgütervertriebs und bereitet in wesentlichen Grundzügen auf eine zukünftige Tätigkeit im Vertrieb vor. Aus der Praxis heraus wird die aktuelle Vertriebssituation beleuchtet, werden Fragen nach den mitzubringenden Voraussetzungen und Qualifikationen beantwortet, die Prinzipien des Vertriebs im Gesamtzusammenhang erörtert, Problemfelder im konkreten Tagesgeschäft vorgestellt und Lösungsansätze aufgezeigt. Für „Quereinsteiger" ohne kaufmännische oder betriebswirtschaftliche Ausbildung sind im Glossar am Ende des Buches die wichtigsten Begriffe und Definitionen aufgeführt.

Kaum ein anderes Berufsbild verschafft Berufseinsteigern derartige Handlungsspielräume und persönliche Autonomie wie die Vertriebsaufgabe. Wer wünscht sich nicht, dass seine unternehmerische Einstellung gefördert und honoriert wird? Neben den vielen Vorzügen, die eine Vertriebsaufgabe reizvoll machen, sei erwähnt, dass es schlichtweg Spaß macht, im Vertrieb zu arbeiten. Diese Tätigkeit fördert das Selbstvertrauen jedes Einzelnen. Persönliche und teambezogene Erfolge werden angemessen gewürdigt und anerkannt.

Im Vertrieb kann man alt werden – heißt es. Im Laufe der Berufsjahre steigen Erfahrung, Können und Einkommen. Wer sich wohlfühlt, bleibt in der Funktion. Wer sich auf der Karriereleiter weiterentwickeln möchte, hat dafür eine sehr gute Ausgangsbasis.

Ich wünsche Ihnen, dass dieses Buch Orientierung und Anregungen für Ihre berufliche Zukunft gibt, Ihnen den möglichen Einstieg erleichtert und Perspektiven aufzeigt. Den „alten Hasen" sei die Lektüre zur gelegentlichen Auffrischung des Vertriebs-Know-hows empfohlen.

Bielefeld, im Sommer 2001   *Martin Maas*

Inhalt

Der Vertrieb
gewinnt an Bedeutung

Jede Phase des Wirtschaftens bringt spezielle Anforderungen mit sich, denen das Management mit modernen Methoden und Maßnahmen begegnet. Unternehmen folgen in ihren Unternehmensstrategien häufig auch allgemeinen Trends. Ging es in den 70er Jahren darum, Wachstum durch Unternehmensaufkäufe zu realisieren und Mischkonzerne entstehen zu lassen, um Synergien zu nutzen, sind die 90er Jahre dadurch gekennzeichnet, dass eben diese Mischkonzerne alle nicht zum Kerngeschäft zählende Unternehmensbereiche wieder veräußern mit dem Argument, sich auf die Kernkompetenzen konzentrieren zu wollen.

In vielen Investitionsgütermärkten sind die aktuellen Veränderungen unter anderem durch steigende Preistransparenz, Verdrängungscharakter und Preiskämpfe geprägt. Die strukturellen Marktveränderungen, wie die Schaffung internationaler Binnenmärkte durch länderseitige Abstimmung, die Vereinfachung des Zahlungsverkehrs durch die Einführung des Euro sowie die länderübergreifende Entwicklung einheitlicher Wirtschaftsrichtlinien fördern die Zunahme der Marktdynamik. Auf der Anbieterseite tragen die mittlerweile zur täglichen Normalität zählenden Unternehmensübernahmen, Fusionen und Zerschlagungen von Organisationen, die zunehmende Verkürzung technologischer Innovationszeiträume, die schnelleren Markteintrittszeitpunkte sowie das modern gewordene Shareholder-Value-Konzept ihren Anteil zu den genannten Entwicklungen bei.

Immer auf der Suche nach der besten Strategie im Interesse der Unternehmensziele bewegen sich Unternehmen in sich permanent verändernden Marktsituationen. Als Bestandteil des Marktes repräsentieren die Unternehmen selbst die Entwicklungen gleichermaßen. Internationale Verflechtungen, die strukturelle Förderung der Unternehmensdynamik durch Aufgliederung von Unternehmen in schlagkräftige Einheiten – weg von der AG hin zur GmbH – sind einige Merkmale dieser Entwicklungen.

Die Vertriebsorganisation als Ganzes oder einzelne Vertriebsbereiche sind diesen Entwicklungen in besonderem Maße ausgesetzt. Der persönliche Vertrieb hat im Gegensatz zu anderen Funktionen in Unternehmen eher Handwerkscharakter, dessen Grundprinzipien einerseits unabhängig von der Marktentwicklung fortbestehen, andererseits aber in der Gewichtung und Handhabung der jeweiligen aktuellen Marktsituation angepasst werden müssen.

Die folgenden Abschnitte befassen sich mit den Grundprinzipien des Vertriebs, liefern einen Einblick in die aktuelle Vertriebssituation und zeigen aus der Gesamtsituation resultierende Problemfelder sowie Lösungsansätze auf.

Je schwieriger die Bearbeitung eines Zielmarktes ist oder wird, desto professioneller und umfassender muss der Vertrieb sich auf neue und sich verändernde Situationen einstellen, um nachhaltige Erfolge herbeiführen zu können. Die Anzahl der Verdrängungsmärkte nimmt zu, sie bilden den zentralen Ausgangspunkt für die folgenden Ausführungen. Gleichzeitig erhalten Sie als Leser einen Einblick in eines der abwechslungsreichsten und spannendsten Berufsbilder der Wirtschaft – das des Vertriebsmitarbeiters im Investitionsgütervertrieb.

Die Aufgabe des Vertriebs im Unternehmen

Die Bedeutung der Vertriebsorganisation im Unternehmen ist erheblich – Tendenz steigend. Prof. J. Witt bezeichnet den Verkauf – in unserem Sinne den Vertrieb – als „die Speerspitze des Marketing" (vgl. Witt 1983) und macht dadurch die Stellung des Vertriebs im Unternehmen und den operativen Charakter deutlich.

Der Vertrieb und die Vertriebsmitarbeiter repräsentieren und übermitteln die Leistung des Anbieters dem potenziellen Kunden. Über den Akquiseprozess sucht der Vertriebsmitarbeiter den persönlichen Kontakt zum Kunden: Er vereinbart persönliche Besprechungstermine, nimmt diese wahr, analysiert im Gespräch die Kundensituation sowie den Bedarf und entwickelt gemeinsam mit dem potenziellen Kunden Lösungskonzeptionen. Der Vertriebsmitarbeiter präsentiert seine Leistung und verteidigt sein Angebot gegenüber dem Mitbewerber mit dem Ziel, dass der Kunde eine Entscheidung zu seinen Gunsten trifft.

Während dieser Interaktion mit dem Kunden transportiert der Vertriebsmitarbeiter auch andere Merkmale des Anbieters. Er vermittelt das Image, die Marktstellung, die Unternehmenskultur sowie das allgemeine Geschäftsgebaren. Andere Kommunikationsmittel wie Messen, Werbung, Öffentlichkeitsarbeit, Prospekte, usw. flankieren und unterstützen ihn bei seiner Aufgabe, für das Unternehmen Verträge mit potenziellen Kunden zu schließen, die sich im Umsatz oder anderen betriebswirtschaftlichen Kennzahlen wie Deckungsbeitrag, Gewinn oder Stückzahlen ausdrücken.

Aufgrund der hohen Komplexität der Vertriebsaufgabe, verbunden mit der Tatsache, dass die Anbieterleistung durch den Vertriebsmitarbeiter repräsentiert wird und dieser letztlich für den Vertragsabschluss verantwortlich ist, kommt dem Vertrieb eine nicht zu unterschätzende Bedeutung zu.

Abbildung 1 zeigt schematisch die Marktbeziehung zwischen dem Vertriebsbereich eines Unternehmens und dem Zielmarkt.

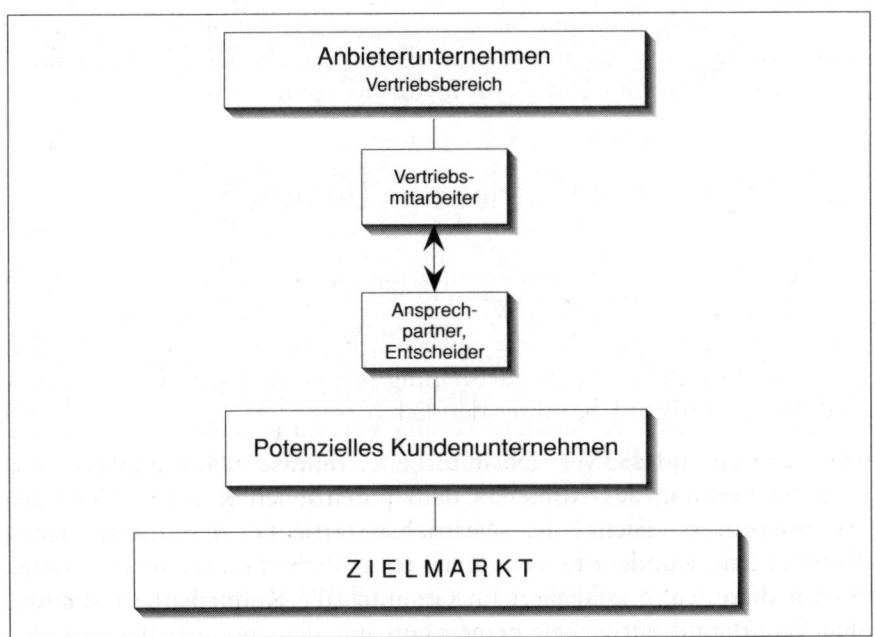

Abbildung 1: Schematischer Aufbau der Marktbeziehung bis zur Vertriebsebene

Der persönliche Vertrieb von Investitionsgütern zählt zu den teuersten Vermarktungsformen. Die Anforderungen an den Vertrieb sind in diesen Märkten noch größer.

Die Hauptaufgaben des Direktvertriebs bestehen darin, mit neuen Kunden Geschäfte anzubahnen, Verträge zu schließen, und gleichzeitig den schon bestehenden Kundenstamm zu pflegen und weiter auszubauen.

Nur so kann langfristig das Wachstum oder die Erhaltung eines Unternehmens sichergestellt werden. Beide Hauptaufgaben erfordern ein hohes Maß an Geschick und Können der Vertriebsmitarbeiter und der Vertriebsorganisation.

Die Abgrenzung des Vertriebs zu anderen Funktionsbereichen

Grundsätzlich grenzt sich der Vertrieb von anderen Unternehmensbereichen dadurch ab, dass er den direkten Interessenten- bzw. Kundenkontakt mit dem Ziel aufbaut, einen konkreten umsatzwirksamen Vertrag abzuschließen. Die mit dieser Kernaufgabe verbundenen Tätigkeiten wie das Repräsentieren der Unternehmung oder die Vermittlung des Image des Unternehmens sind wichtig aber sekundär.

Durch die klare Zielsetzung in der Vertriebsorganisation, bestimmte Umsatz-, Deckungsbeitrags- oder Stückzahlziele zu erreichen, und die Tatsache, dass die Vertriebsorganisation und somit der Vertriebsmitarbeiter die Verantwortung für die Erreichung der Zielsetzung übertragen bekommt, wird der Vertrieb direkt messbar und in der Leistungserreichung bewertbar. Dieser Grad der Messbarkeit von Zielen ist fast nur im Vertriebsbereich vorhanden. Häufig können in anderen Funktionsbereichen nur qualitative Zielsetzungen erfolgen. Unternehmen sind dabei bemüht, diese Zielsetzungen zu quantifizieren, um messbare Ergebnisse zu erhalten. Dies ist jedoch in vielen Fällen ein schwieriges Unterfangen. Durch die Möglichkeit, im Vertrieb Ziele (Umsatz, Deckungsbeitrag, Stückzahlen) zu quantifizieren, werden die Zielfindung und die Erfolgsmessung einfacher.

Vertriebsmitarbeiter arbeiten also in starkem Maße ergebnisorientiert. Am Ende zählen immer die erzielten Vertragsabschlüsse. Bei der Ausgestaltung der Maßnahmen und Strategien zur Zielerreichung hat der

Vertriebsmitarbeiter jedoch weit reichende Handlungsspielräume. Dadurch soll die unternehmerische Einstellung unterstützt und gefördert werden. Er wird zum Manager seines ihm zugeordneten Verkaufsbezirks. Das heißt nicht, dass jeder machen kann, was er will. Graduell sind jedoch seine individuellen Gestaltungsmöglichkeiten erheblich weiter gefasst als in anderen Funktionsbereichen.

In vielen anderen Funktionen eines Unternehmens kann der erzielte Erfolg nur selten dem Einzelnen direkt zugeordnet werden. Im Vertrieb hingegen wird der Verkaufserfolg direkt dem Vertriebsmitarbeiter zugeordnet, da er die Verantwortung für die Zielerreichung vollständig und alleine trägt. Er kann sich sagen: „Dieses Ziel habe ich erreicht, das ist mein Verdienst."

Die allgemein verbreitete Praxis der Veröffentlichung erreichter Ergebnisse durch Ranglisten zeigt die Leistung des einzelnen Vertriebsmitarbeiters oder seines Teams. Sie sind für die gesamte Organisation sichtbar und transparent. Dadurch wird die hohe Bedeutung der Vertriebsleistung für das Unternehmen ein weiteres Mal unterstrichen.

Warum im Vertrieb arbeiten?

In diesem Kapitel beschäftigen wir uns mit dem Vertriebsmitarbeiter selbst, mit seinen Motiven und Eignungsmerkmalen sowie mit dem Einstellungsprozess – welche Wege führen in den Vertrieb? Die Antworten auf grundsätzliche Fragen wie: Was macht eine Vertriebsaufgabe reizvoll? Welche persönlichen und fachlichen Voraussetzungen sollte ich mitbringen? Wie komme ich an eine Vertriebsaufgabe? Was sollte ich dabei beachten? werden helfen, um die Vertriebsaufgabe als solche besser einschätzen zu können. Die Ausführungen sollen der besseren Orientierung beim persönlichen Entscheidungsprozess, eine Vertriebsaufgabe anzunehmen oder auch nicht, dienen.

Motive für den Vertriebseinsteiger

Die Motive, eine Vertriebsaufgabe zu übernehmen, sind sehr vielfältig. Einige der häufig genannten Motive sind:

- Im Vergleich zu anderen Funktionen mit erreichter Qualifikation, kann im Vertrieb ein deutlich höheres Einkommen erzielt werden.

- Bei entsprechender Vergütung mittels Provisionen hat der/die Vertriebsmitarbeiter/in die Möglichkeit, die Höhe des Einkommens selbst zu beeinflussen.

- Die Tagesarbeit, die unternehmerische Merkmale aufweist, verschafft Vertriebsmitarbeitern große Freiheitsgrade in der täglichen Ausgestaltung der Aufgabe.

- Die Tatsache, nicht jeden Tag ins Büro zu gehen und in einem Gebäude seine Arbeit zu verrichten, sondern Kunden zu besuchen – kurz: der Umgang mit Menschen – stellt ebenfalls ein reizvolles Motiv dar.

- Berufseinsteiger (z. B. nach dem Hochschulabschluss) versuchen häufig eine Aufgabe zu finden, in der sie Erfahrungen sammeln können, um sich eine Basis für weitere Karriereschritte erarbeiten zu können. Der Direktvertrieb bietet dafür günstige Möglichkeiten.

- Der Direktvertrieb als Funktion hat handwerklichen Charakter und ist im Vergleich zu einigen anderen Funktionen beständiger.

- Ein weiteres bedeutsames Motiv ist, persönliche Erfolge zu erzielen, die im Wesentlichen auf die Fähigkeiten und Persönlichkeit des Vertriebsmitarbeiters zurückzuführen sind. Der Erfolg, der sich in einem mit dem Kunden geschlossenen Vertrag ausdrückt, ist für jedermann sichtbar.

Die Veränderung des Vertriebsimage

Neben den dargestellten Motiven, die es reizvoll machen, eine Vertriebsaufgabe zu übernehmen, gibt es weitere erkennbare Tendenzen die zur Steigerung der Attraktivität des Vertriebs beitragen.

Das Image der Vertriebsaufgabe, also die Meinungen und Einstellungen zu diesem Berufsbild, hat sich in den letzten Jahren deutlich zum Positiven entwickelt. Galt vor Jahren für den Vertriebsmitarbeiter die Vorstellung, ein „Klinkenputzer-Dasein" fristen zu müssen, von Kunden abfällig behandelt zu werden – im schlimmsten Fall sogar „rauszufliegen" –, so haben sich die Einstellungen und Meinungen zu diesem Berufsbild grundlegend verändert.

Mittlerweile hat sich auch hierzulande die Erkenntnis durchgesetzt, dass der Vertrieb fundierte Grundlagen für berufliche Weiterentwicklungen bietet und somit ein sehr gutes Sprungbrett für die persönliche Karriere sein kann. Die erlernten Fertigkeiten können auch in anderen betrieblichen Funktion nutzbringend eingesetzt werden. Die Möglichkeit, von Anfang an ein überdurchschnittlich hohes Einkommen erzielen zu können, macht die Aufgabe zusätzlich interessant.

Ferner ist festzustellen, dass Einkäufer und Entscheider den Vertriebsmitarbeiter nicht mehr als lästiges Übel empfinden, sondern überwiegend erkannt haben, dass die persönliche Beratung bei Investitionsgüterentscheidungen durch den Anstieg der technischen Komplexität notwendig ist. Das einkaufende Unternehmen ist darauf angewiesen, durch Vertriebsmitarbeiter kompetent beraten zu werden, um eine für das Unternehmen optimale Entscheidung vorbereiten und treffen zu können. Diese Beraterleistung wird zunehmend stärker honoriert und wirkt sich gleichzeitig positiv auf das Image aus.

Neueinsteiger, die vor Jahren noch mit dem häufig negativ besetzten bzw. mit Zweifeln behafteten Vertriebsimage Probleme hatten, vor allem damit, ihrem Bekanntenkreis erklären zu müssen, dass eigentlich „nichts Schlimmes" dabei ist, Kunden zu akquirieren und persönlich aufzusuchen, haben es heute einfacher. Die Funktion des Vertriebsmitarbeiters ist „hoffähig" geworden.

Das Selbstverständnis des Vertriebsmitarbeiters

Die Veränderung des Vertriebsimage wirkt sich auf das Selbstverständnis des Vertriebsmitarbeiters gleichermaßen positiv aus. An die Stelle des Bittstellers, der versucht „Ware an den Mann zu bringen", tritt die Rolle des Beraters, auf den der Einkäufer angewiesen ist, um eine für sein Unternehmen optimale Investitionsentscheidung treffen zu können.

Der Vertriebsmitarbeiter von heute sieht sich in der Rolle des „Unternehmers" in dem ihm zugewiesenen Verkaufsbezirk. Durch die Veränderung des Führungsstils von Vertriebsleitern – weg vom autoritären hin zum kooperativen Führungsstil – ist der Vertriebsmitarbeiter in seinen Handlungsspielräumen zunehmend autonomer. Die Übertragung von Entscheidungskompetenzen hinsichtlich Art der Zielmarktbearbeitung sowie der Preisspielräume und die Rolle der Führungskraft als Coach fördern die unternehmerische Einstellung des Vertriebsmitarbeiters.

Für den Vertriebsmitarbeiter bedeutet die Übertragung von Entscheidungskompetenz und das Zugestehen eines breiter gefassten Handlungsspielraums auch, Verantwortung anzunehmen. Die Aufgabe wird komplexer und anspruchsvoller. Die Herausforderung: Der Vertriebsmitarbeiter wird zum Manager seines eigenen Verantwortungsbereiches.

Ein überdurchschnittlich erzielbares Einkommen ermöglicht dem Vertriebsmitarbeiter einen hohen Lebensstandard und hohes soziales Ansehen.

Die Unsicherheit des Berufseinsteigers

Berufseinsteiger oder Menschen, die sich für den Vertrieb entscheiden möchten, stehen zwangsläufig vor dem klassischen Neueinstiegs-Dilemma: Auf der einen Seite gibt es eine Reihe von Gründen und Motiven, die es reizvoll erscheinen lassen, in den Vertrieb zu gehen. Auf der anderen Seite wird die Kernfrage für den Kandidaten, ob er sich für den Vertrieb eignet, ob die Aufgabe wirklich Freude bereitet, ob sich der Verkaufserfolg einstellt, nicht hinreichend beantwortet werden können. Für den Kandidaten bleibt das Risiko, sich für den Vertrieb zu entscheiden und vielleicht erst später zu erkennen, den hohen Anforderungen nicht gewachsen zu sein.

Tatsache ist, dass die vertriebliche Eignung eines Menschen hauptsächlich in persönlichen Eigenschaften und Fähigkeiten liegt, die häufig erst in der Praxis sichtbar werden. Diese persönlichen Eigenschaften werden auch als Grundkompetenzen bezeichnet. Sind die für die Vertriebsaufgabe notwendigen Grundkompetenzen nicht ausreichend vorhanden oder ausgeprägt, ist die Wahrscheinlichkeit hoch, dass die Aufgabe nicht erfolgreich gemeistert wird und in der Folge persönliche Unzufriedenheit entsteht. Glücklicherweise aber zeigt die Praxis, dass es selten vorkommt, Vertriebsmitarbeiter mangels vertrieblicher Eignung wieder aus der Aufgabe herausnehmen zu müssen. Auf die konkreten im Vertrieb geforderten Eignungsmerkmale kommen wir gleich wieder zurück.

Was spricht für den Vertrieb, was macht seine Härte aus?

Im Zuge der erfreulichen Entwicklungen im Vertrieb hinsichtlich Attraktivität, Image und Selbstverständnis des Vertriebsmitarbeiters, gibt es andere Umstände, die sich nicht geändert haben und sich – in der Aufgabe begründet – auch nicht ändern werden. Es bleibt bei der Tatsache, dass im Vergleich zu anderen Funktionen, die Vertriebsleistung im Ergebnis auf die vom Vertriebsmitarbeiter unter Vertrag gebrachten Abschlüsse reduziert werden kann und häufig auch wird. Der Fakt bleibt: Der Kern der Vertriebsaufgabe besteht darin, Verträge abzuschließen.

Damit wird die Leistung des Vertriebs sichtbar, messbar und für jedermann transparent. Diese Tatsache wird häufig als Härte im Vertrieb empfunden. Die Leistung der Vertriebsmitarbeiter und somit auch der gesamten Vertriebsorganisation ist konkret messbar und nachvollziehbar. Es besteht die Möglichkeit, Vergleiche anzustellen, zu messen, ob und zu welchem Prozentsatz Ziele erreicht worden sind oder nicht und somit Leistungsbewertungen durchzuführen. Wenn der einzelne Vertriebsmitarbeiter seine Verkaufsziele nachhaltig nicht erreicht, können schnell arbeitsrechtliche Konsequenzen folgen; im schlimmsten Fall wird dieser Vertriebsmitarbeiter aus der Aufgabe genommen.

In Gesprächen mit Arbeitnehmern oder Stellensuchenden wird immer wieder deutlich, dass diese empfundene Härte, die vollständige Transparenz der Leistung, sie unter anderem davon abhält sich für eine Tätigkeit im Vertrieb zu entscheiden.

Nicht alle Menschen wollen sich messen lassen. Viele empfinden das zielorientierte Arbeiten und Nachvollziehen der Leistung mittels Zahlen als Druck, dem sie sich nicht aussetzen wollen. Das ist durchaus verständlich. Es ist ratsam, sich in diesen Fällen eher nicht für den Vertrieb zu entscheiden, denn es bleibt eine Tatsache, dass die Leistung messbar ist und auch gemessen wird. Auf der anderen Seite ist es so, dass es eine Vielzahl von Möglichkeiten gibt, diesem „Druck" zu begegnen. Im Abschnitt „Erfolgsstrategien für den einzelnen Vertriebsmitarbeiter", S. 137 ff., beschäftigen wir uns ausführlich mit diesen Möglichkeiten. Ferner befindet sich der Vertriebsmitarbeiter gemeinsam mit anderen in diesem leistungsorientierten Umfeld. Er ist also mit seiner Aufgabe und dem Druck nicht alleine.

Da Vertriebsmitarbeiter und Vertriebsführungskräfte hinsichtlich der Zielerreichung im „gleichen Boot" sitzen, entsteht ein leistungsorientiertes Klima und eine teamorientierte Arbeitsweise. Erzielte Verkaufserfolge, persönliche Anerkennung und das damit verbundene bzw. erreichbare hohe Einkommen mildern die Härte des Vertriebs erheblich.

○ Der Vertrieb (persönliche Verkauf) hat handwerklichen Charakter.

○ Je schwieriger der Zielmarkt ist, desto professioneller muss die Vertriebsorganisation vorgehen.

○ Der Vertriebsmitarbeiter repräsentiert durch Auftreten, Ansprache etc. sein Unternehmen.

○ Die Kernaufgabe der Vertriebsorganisation liegt im Abschließen von umsatzwirksamen Verträgen.

○ Die Motivlage für den einzelnen Vertriebsmitarbeiter, eine Vertriebsaufgabe anzunehmen, kann sehr unterschiedlich sein. Prüfen Sie für sich: Welches sind Ihre Motive?

○ Das Image des Vertriebs hat sich in den letzten Jahren verbessert, der Vertrieb ist attraktiv und „hoffähig" geworden.

○ Der Vertriebsmitarbeiter versteht sich als Manager seines Verkaufsbezirks.

○ Die Unsicherheit am Anfang einer Vertriebskarriere betrifft jeden Neueinsteiger.

○ Im Vertrieb wird zwar gemessen und die Leistung transparent gemacht, aber es gibt viele Möglichkeiten dem Druck zu begegnen.

○ Das leistungsorientierte Umfeld lässt den einzelnen Vertriebsmitarbeiter mit seiner Aufgabe nicht alleine.

Persönliche Eignungsmerkmale

Die Voraussetzungen, die ausschlaggebend dafür sind, ob sich ein Mensch für eine Vertriebsaufgabe eignet oder nicht, sind in erster Linie in seiner Persönlichkeit verankert. Hinzu kommen die persönlichen Motive und Wünsche.

Die Frage, was eine erfolgreiche Vertriebsperson ausmacht, ist so alt wie der Vertrieb selbst. Im Laufe der Zeit entstanden jedoch auch extreme Erklärungsmodelle, so genannte falsche Mythen, wie z. B., dass ein Vertriebsmitarbeiter immer verschuldet sein sollte, um gute Geschäfte zu tätigen. Der materielle Druck würde ihn dazu veranlassen, überdurchschnittlich leistungsbereit zu sein und hoch motiviert zu verkaufen, damit Zinsen und Tilgung bestritten werden können. Folgte man diesem Modell, dann würde dies im Umkehrschluss bedeuten, dass Kandidaten, die aus gut situiertem Elternhaus stammen oder selbst über ausreichend materiellen Wohlstand verfügen, für eine Vertriebsaufgabe nicht geeignet wären. Aufgrund des nicht vorhandenen materiellen Drucks wären diese Vertriebsmitarbeiter weniger leistungsbereit und schwerer zu motivieren.

Die Praxis hingegen zeigt, dass sich Vertriebsmitarbeiter, die unter persönlichem finanziellen Druck stehen, nicht gleich verhalten. Ein Teil kann dem Druck standhalten, ein anderer Teil fühlt sich aufgrund der Situation so stark unter Druck gesetzt, dass er sich selbst blockiert. Erfolglosigkeit und Frustration sind die Folge. In der Gruppe der Vertriebsmitarbeiter aus materiell gut situierten Verhältnissen ist das berufliche Verhalten ebenfalls unterschiedlich. Anzunehmen, dass für diese Vertriebsmitarbeiter – neben dem Einkommen – keine anderen motivatorischen Effekte gelten, ist zu einseitig. Wie steht es mit dem Erfolgswillen, der Suche nach Anerkennung, dem Wunsch beruflich sich selbst oder gegenüber der Familie zu beweisen?

Dass zum Teil auf solche extreme Erklärungsmodelle zurückgriffen wird, zeigt, wie schwierig es ist, den geeigneten Vertriebsmitarbeiter zu charakterisieren. Modelle helfen zwar, Zusammenhänge zu verdeutlichen, sie bilden aber die Realität nicht vollständig ab. Wenn sich Unternehmen in ihrem Einstellungsverhalten zu stark von solchen Modellen leiten lassen, werden wertvolle Chancen vergeben und von vornherein bestimmte Gruppen ausgeschlossen. Im Vertrieb kommt es vor allem darauf an, sich gezielt mit dem einzelnen und konkreten Menschen, seinen persönlichen Eigenschaften, Wünschen und Motiven zu befassen.

Die für eine Vertriebstätigkeit notwendigen persönlichen Eigenschaften können auch als Grundkompetenzen bezeichnet werden. Das Ziel in Einstellungsgesprächen sollte sein, festzustellen, ob diese Grundkompetenzen vorhanden sind oder nicht.

Entscheidend dabei ist, dass diese Grundkompetenzen identifiziert werden. Ihr Grad der Ausprägung ist erst einmal nicht ganz so wichtig, denn vorhandene Grundkompetenzen werden im beruflichen Alltag durch Training, Coaching und letztlich durch persönliche Erfahrungen größtenteils weiterentwickelt. Darüber entscheidet auch die Motivlage des Vertriebsmitarbeiters und seine Bereitschaft bestehende Grundkompetenzen weiterzuentwickeln.

Im Folgenden werden die wichtigsten Grundkompetenzen beschrieben. Sind diese Grundkompetenzen bei Vertriebseinsteigern erkennbar, ist es sehr wahrscheinlich, dass die Vertriebsaufgabe erfolgreich gemeistert werden kann.

Durchsetzungsvermögen – kann ich jemanden überzeugen?

Diese Eigenschaft zeigt sich durch die Fähigkeit, dass der Vertriebsmitarbeiter Initiative ergreift, den Wunsch entwickelt, Kundenlösungen zu gestalten, verbunden mit dem aktiven Streben, den Verkaufsprozess voranzutreiben und im Hinblick auf den Geschäftsabschluss zügig weiter zu kommen.

Das Bedarfsumfeld des Kunden wird vom Vertriebsmitarbeiter genutzt, um selbständig oder mit dem Kunden gemeinsam ein Lösungs-Angebots-Konzept zu entwickeln. Der Vertriebsmitarbeiter ist in der Lage, dieses Konzept beim Kunden überzeugend zu vertreten und gegen Mitbewerber zu verteidigen. In dieser Eigenschaft kommt der Wille des Vertriebsmitarbeiters zum Ausdruck, persönlichen Erfolg durch den Vertragsabschluss herbeizuführen. Er richtet sein Verhalten zielorientiert aus und kann die vorhandenen Chancen und Risiken erkennen.

Anpassungsfähigkeit – kann ich mich in die Lage des anderen versetzen?

Diese Grundkompetenz kommt dadurch zum Ausdruck, dass es dem Vertriebsmitarbeiter gelingt, sich in jeder Situation dem Verhalten des Gesprächspartners anzupassen. Er ist fähig, schnell das Verhalten des Gesprächspartners analysieren zu können, auch jenes Verhalten des Kunden, das aus Einstellungen und Meinungen resultiert. Der Vertriebsmitarbeiter kann sich darauf einstellen und die dahinter – offen oder versteckt – liegenden Motive erkennen. Er kann die Sprache des Kunden sprechen. Dieses Verhalten des Vertriebsmitarbeiters erfordert ein hohes Maß an persönlicher Flexibilität und Anpassungsfähigkeit.

Warum im Vertrieb arbeiten?

Ist diese Eigenschaft nur gering ausgeprägt, wirkt der Vertriebsmitarbeiter bei dem Versuch, sich selbst dem Gesprächspartner anzupassen, nicht mehr authentisch, sondern sein Verhalten wirkt künstlich, er verstellt sich. Dies bleibt dem Gesprächspartner nicht verborgen und es kann in einem solchen atmosphärischen Umfeld nur schwerlich ein konstruktives Verkaufsklima hergestellt werden.

Sensibilität – verstehe ich meinen Gesprächspartner?

Dem Vertriebsmitarbeiter gelingt es schnell, zum Kunden ein Vertrauensverhältnis aufzubauen. Neben seiner fachlichen Kompetenz, die hierbei sehr hilfreich ist, kommt es im Wesentlichen darauf an, dass der Vertriebsmitarbeiter Verständnis für die Verhaltenssituation des Gesprächspartners aufbringen und äußern kann. Dies erfordert ein hohes Maß an Einfühlungsvermögen. Der Vertriebsmitarbeiter ist in der Lage, die persönliche Situation seines Gesprächspartners richtig einzuschätzen und angemessen darauf zu reagieren.

Diese Grundkompetenz meint ferner, mit den Gedanken bei der Sache zu bleiben und dabei aktiv zu versuchen, Kommunikationsfehler zu vermeiden. Das heißt, Kunden ausreden lassen können und selbst versuchen zu verstehen, um was es wirklich geht. Außerdem: nicht frühzeitig das Gesprochene mit seinen eigenen Erfahrungen zu interpretieren, den Kunden nicht zu unterbrechen und eine vermeintliche Lösung zu präsentieren. Es setzt die Fähigkeit des aktiven Zuhörens voraus.

Leistungsbereitschaft – arbeite ich hart für ein Ziel?

Der Vertriebsmitarbeiter ist in der Lage, auf einem hohem persönlichen Arbeitsniveau (Anstrengungsgrad) zu agieren. Um dies durchhalten zu können, bildet der „innere Antrieb" die Voraussetzung. Es ist die Fähigkeit, seinen „inneren Schweinehund" besiegen zu können. Der Abgrund zwischen Worten (was ich mir vornehme) und Taten (was ich letztlich tue) kann selbstkritisch vom Vertriebsmitarbeiter erfasst werden. Er entwickelt die Absicht und persönliche Zielsetzung, den Abgrund zwischen Worten und Taten so gering wie möglich zu halten.

Dafür ist es notwendig, dass der Vertriebsmitarbeiter in der Lage ist, sich selbst zu motivieren. Potenziell aktive Menschen schaffen sich ihre eigene Motivationsgrundlage, die sich z. B. im Erfolgswillen, Suche nach Anerkennung oder monetären Maßstäben ausdrückt. Der Wunsch nicht scheitern zu wollen, ist ebenso eine Grundlage für Eigenmotivation.

Einsatzfreude – habe ich Spaß am Erfolg?

Diese Fähigkeit kommt vor allem dadurch zu Ausdruck, dass neben der Einsatz- und Leistungsbereitschaft der Vertriebsmitarbeiter Freude und Spaß am Erfolg haben kann, und bestrebt ist, dies auch zu suchen. Der Erfolg verschafft dem Vertriebsmitarbeiter ein gutes Gefühl und Zufriedenheit mit sich und der Aufgabe. Er ist bestrebt immer wieder neue Erfolge herbeizuführen und sich nicht auf dem Erreichten auszuruhen.

Zielorientierung – weiß ich, worauf es ankommt?

Diese Grundkompetenz bildet die Voraussetzung, um seine persönliche Produktivität steigern zu können. Der Vertriebsmitarbeiter ist in der Lage zu erkennen, auf welche Tätigkeiten es hauptsächlich ankommt. Was muss er mit welcher Intensität erledigen, um ans Ziel zu gelangen? Was kann er dabei vernachlässigen oder mit geringerer Intensität erledigen? Ist er in der Lage, Prioritäten richtig zu setzen? Der Vertriebsmitarbeiter kann die Intensität der notwendigen Aufgaben für die Zielerreichung individuell auf die einzelnen Verhandlungen richtig einschätzen. Zum einen geht es darum, den persönlichen Zeiteinsatz zu optimieren, zum anderen darum, zu erkennen, welche Haupttätigkeiten in welcher Prioritätenfolge zu erledigen sind.

○ Die Eignungsmerkmale für den Vertrieb liegen hauptsächlich in der Persönlichkeit des Vertriebsmitarbeiters begründet.

○ Die persönlichen Eignungsmerkmale werden auch als Grundkompetenzen bezeichnet.

○ Coaching, Training und Erfahrungen fördern und entwickeln diese Grundkompetenzen weiter.

○ Finden Sie sich selbst teilweise oder ganz in den beschriebenen Eigenschaften wieder?

○ Können oder wollen Sie andere Menschen begeistern und von etwas überzeugen?

○ Sind Sie in der Lage, sich auf Ihre Gesprächspartner einzustimmen? Können Sie zuhören?

○ Können Sie zu Ihren Mitmenschen schnell Vertrauen aufbauen? Nimmt man Ihnen etwas ab?

○ Haben Sie Verständnis für Ihre Gesprächspartner? Sind Sie tolerant im Umgang mit Menschen?

○ Wie motivieren Sie sich selbst und was benötigen Sie für Ihre Motivation?

○ Wie kommen Sie mit Ihrem „inneren Schweinehund" zurecht?

○ Verschafft Ihnen Erfolg ein gutes Gefühl, spornt es Sie an weiterzumachen, oder sind Sie mit dem einmal Erreichten zufrieden?

○ Arbeiten Sie zielstrebig und lösungsorientiert? Wie gehen Sie mit Aufgabenstellungen im privaten Umfeld um?

Vorqualifikationen – wodurch werden sie bestimmt?

Bei der Festlegung von Auswahlkriterien für geeignete Vertriebsmitarbeiter werden neben den persönlichen Grundkompetenzen die notwendigen Vorqualifikationen bestimmt. Dabei wird in erster Linie ermittelt, welche Vorbildung nach Art und Umfang erforderlich ist, um die Vertriebsaufgabe sachlich erfassen zu können. Welche fachliche

Ausbildung müssen oder sollten geeignete Vertriebsmitarbeiter ins Unternehmen miteinbringen? Die folgenden Rahmenbedingungen stecken das Feld für die erforderlichen Fachqualifikationen ab.

Das Produkt- und Leistungsangebot des Unternehmens

Um erfolgreich verkaufen zu können, ist es erforderlich, dass der Vertriebsmitarbeiter Produktkenntnisse hat oder erhält. Das vertreibende Unternehmen muss prüfen, inwieweit es in der Lage bzw. bereit ist, Merkmale, Vorteile und Nutzen der Produkte den Vertriebsmitarbeitern selbst durch Schulungen oder Trainings nahe zu bringen. Existiert im Unternehmen ausreichend Trainingskapazität oder ist im Budget die externe Ausbildung eingeplant?

Beispielsweise bieten viele Versicherungsunternehmen eigene Ausbildungen an. Als Vorqualifikation reicht dann eine kaufmännische Vorbildung aus, da der konkrete Leistungsumfang durch eigene Trainings- und Schulungsabteilungen vermittelt wird.

Bei der Vermarktung von Kraftwerksanlagen hingegen wird in der Regel ein Ingenieurstudium vorausgesetzt, da das vertreibende Unternehmen wahrscheinlich nicht in Lage sein wird, eine umfassende Ausbildung, die einem Studium gleichkäme, sicherzustellen.

Je nach Branche und Komplexität der Produkte bzw. des Leistungsangebotes werden unterschiedliche fachliche Vorqualifikationen im Vertrieb vorausgesetzt. Grundsätzlich muss der Vertriebsmitarbeiter wissen oder herausfinden, ob er das Produkt oder den Leistungsumfang aufgrund seiner Vorqualifikation sachlich erfassen und verstehen kann, um es Kunden gegenüber erklären und abgrenzen zu können. Ermöglicht ihm seine fachliche Qualifikation, Zugang zu den Merkmalen und Nutzen des Produktes oder der Leistung zu finden?

Grundsätzlich sollte sich der Vertriebsmitarbeiter zunächst die Produktgruppen oder Dienstleistungen ansehen, mit denen er sich später identifizieren muss.

Kann sich der Vertriebsmitarbeiter vorstellen, in dieser Branche zu arbeiten? Wäre er in der Lage, „hinter seinem" Produkt zu stehen und dies überzeugend zu vertreten? Es ist schwierig im Vorfeld sofort zu

Warum im Vertrieb arbeiten?

erkennen, welche fachlichen Qualifikationen erforderlich sind. Um beispielsweise Druckmaschinen verkaufen zu können, muss man nicht gelernter Drucker sein. Wie sieht es aber aus, wenn es um die Vermarktung von Herzschrittmachern geht?

Wenn Sie sich für ein konkretes Unternehmen interessieren, lassen Sie sich z. B. Produktinformationen schicken, oder schauen Sie im Internet nach relevanten Informationen. Fühlen Sie sich „angesprochen", können Sie etwas mit den Produktangaben anfangen, oder wird Ihnen dabei unwohl? Wie ist Ihr Gefühl für das Verhältnis zu diesen Produkten?

Schwieriger ist es, die Vertriebsstrategie des Unternehmens von außen eindeutig zu erkennen. So ist es denkbar, dass ein Unternehmen der Druckbranche nur gelernte Drucker als Vertriebsmitarbeiter einsetzt, um sich im Marktumfeld zu differenzieren.

Das einfachste ist, wenn sich der Vertriebsmitarbeiter, nachdem er einige für sich selbst interessante Produktbereiche gefunden hat, mit einem Telefonanruf oder Schreiben direkt an die Personalabteilung wendet und sich nach den fachlichen Vorqualifikationen erkundigt. Ein Besuch auf der Homepage des Unternehmens kann eventuell weitere Hinweise liefern.

Die Vertriebsstruktur des Unternehmens

Es sollte in Erfahrung gebracht werden, inwieweit der Vertriebsmitarbeiter den kompletten Verkaufszyklus allein durchführt, oder aber gegebenenfalls in bestimmten Phasen auf Spezialisten zurückgreifen kann, die dann ihrerseits beispielsweise komplizierte technische Details mit dem potenziellen Kunden erörtern können.

Typisch für diese Vorgehensweise sind Vertreiber von Industrieanlagen und Computernetzwerken. Als Spezialist unterstützt ein Informatiker, Ingenieur oder Mitarbeiter mit vergleichbarer Qualifikation den Vertriebsmitarbeiter in bestimmten Phasen des Verkaufszyklus und tritt gemeinsam mit ihm oder allein beim Kunden auf. Bei dieser Vorgehensweise sollte das Unternehmen im Vorfeld die Verantwortungsbereiche klar abgrenzen: Wer ist der Verhandlungsführer? Wie werden die Rollen aufgeteilt? Wie drückt sich dies in der Stellenbeschreibung aus?

Es besteht grundsätzlich die Gefahr, dass der Kunde durch den Auftritt mehrerer Ansprechpartner irritiert wird. Der Kunde benötigt im besten Fall eine Bezugsperson. Ein Unternehmen, das den Verkaufsprozess auf mehrere Ansprechpartner aufteilt, sollte versuchen, diesen einfach und verständlich zu gestalten. Dies gilt für das Innen- und Außenverhältnis.

Komplexität des Verkaufszyklus

Üblicherweise steht der Vertriebsmitarbeiter beim Kunden mit ein bis maximal zwei Ansprechpartnern in Kontakt. Häufig reduzieren sich die Gespräche sogar auf den Kontakt mit der Einkaufsabteilung. Allerdings ist ein aktueller Trend erkennbar: Einkäufer wollen zunehmend auch die Anwender (z. B. einer Telefonanlage) mit in die Entscheidung einbeziehen, um sicherzustellen, dass die Anwender die Entscheidung des Einkaufs unterstützen und eingekaufte Produkte annehmen und nutzen. Dahinter steht der Führungsgrundsatz „Betroffene zu Beteiligten machen".

Der Komplexitätsgrad des Verkaufszyklus steigt rapide an, wenn die Vermarktung des Produkt- und Leistungsangebots mehr als zwei Ansprechpartner im Unternehmen erfordert, z. B. bei der Beschaffung eines Computer-Netzwerkes. Hier muss der Vertriebsmitarbeiter Kontakt zum Einkauf, zur Organisationsabteilung, zur EDV-Abteilung, zu den Anwendern und gegebenenfalls zur Geschäftsleitung herstellen, um alle an der Entscheidung beteiligten Kontaktpersonen oder Gruppen mit einzubeziehen.

Bei weltweit operierenden Unternehmen und Kunden kommen noch internationale Aspekte hinzu: der Vertriebsmitarbeiter muss Kontakt zu den Koordinationsstellen suchen, die internationale Entscheidungsverantwortung tragen. Sprachkenntnisse und Erfahrungen in derartigen Vertriebsprojekten bilden dazu die notwendige Vorqualifikation. Der Vertriebsmitarbeiter sieht sich gleichzeitig in der Rolle des Projektmanagers.

Das aktuelle Marktumfeld

Die Überlegungen zur Vorqualifikation werden häufig in den strategischen Kontext – z. B. im Sinne von Aufbau von Wettbewerbsvorteilen im aktuellen Marktumfeld – eines Unternehmens eingebunden. Ob dies im konkreten Fall geschehen ist, wird für Sie nicht immer sofort deutlich. Dennoch sollten Sie wissen, dass sich Unternehmen häufig aus dieser Perspektive Gedanken zu den Vorqualifikationen machen und diese daraus ableiten. Nachfolgend bilden exemplarisch der *stärkste Mitbewerber* und die aktuelle *Konkurrenzsituation* die Ausgangspunkte.

Das Unternehmen analysiert beispielsweise, welches Vertriebspersonal die stärksten Mitbewerber einsetzen. Bildet der Hauptwettbewerber den Maßstab oder kann die Kenntnis über das Vertriebspersonal des Mitbewerbers als Differenzierungschance zur positiven Abgrenzung genutzt werden, indem das eigene Vertriebspersonal besser qualifiziert ist? Welche Meinung vertreten die Kunden über die Qualifikation der Vertriebsmitarbeiter des Mitbewerbers?

Eine weitere Dimension bei der Analyse des Marktumfeldes bildet die aktuelle Konkurrenzsituation. Handelt es sich eher um einen Monopolmarkt, der im Vergleich keine besonders hohen Anforderungen an das Vertriebspersonal stellt? Der Kunde ist in seiner Auswahl eingeschränkt, da er ohnehin bei diesem Anbieter bestellen muss. Oder handelt es sich um einen Verdrängungsmarkt, der seinerseits sehr hohe Anforderungen an das Vertriebspersonal stellt und es somit erforderlich macht, sehr gut ausgebildetes Personal einzusetzen? Wissen im Sinne von Vorqualifikationen kann dann zum Wettbewerbsvorteil ausgebaut werden.

Nachdem ein Unternehmen den Analyseprozess zur Bestimmung der notwendigen Vorqualifikation abgeschlossen und die Kriterien festgelegt hat, sind die Grundlagen und sachlichen Voraussetzungen geschaffen. Sie stellen aber noch keine Sicherheit dafür dar, dass diejenigen Vertriebsmitarbeiter, die die entsprechenden Vorqualifikationen mitbringen, auch erfolgreiche Vertriebsmitarbeiter sein werden.

Deshalb befassen sich professionelle Personalentscheider gezielt mit dem Persönlichkeitsprofil sowie den persönlichen Motiven und Vorstellungen des Kandidaten. Er wird versuchen herauszufinden, ob die *persönlichen* Voraussetzungen – auf die es in einer Vertriebsaufgabe ankommt – vorhanden sind. Im vorherigen Kapitel haben wir uns ja bereits eingehend mit diesen Voraussetzungen beschäftigt.

KURZCHECK

○ Die Bestimmung der notwendigen Vorqualifikationen ist unbedingte Voraussetzung für einen erfolgreichen Bewerbungs- und Einstellungsprozess.

○ Vorqualifikationen bilden zwar eine Voraussetzung, stellen aber keine Garantie für den vertrieblichen Erfolg dar.

○ Rahmenbedingungen des Marktes und des suchenden Unternehmens bestimmen die Vorqualifikationen.

○ Prüfen Sie sehr genau, welche Vorqualifikationen bei der Auswahl einer Vertriebsposition unbedingt notwendig sind.

○ Überprüfen Sie, wenn möglich, schon im Vorfeld die Ausbildungs- und Trainingsangebote des Unternehmens.

○ Bezahlen Sie kein Geld für Ausbildung, die das Unternehmen anbietet.

○ Versuchen Sie im Vorfeld oder im Vorstellungsgespräch herauszufinden, welche Vorqualifikationen „Ihre" Vertriebskollegen besitzen.

○ In Stellenanzeigen sind die notwendigen Vorqualifikationen häufig etwas überzogen dargestellt – seien Sie selbstbewusst und lassen Sie sich nicht entmutigen.

○ Überlegen Sie, welche Art von Produkten und/oder Unternehmen zu Ihrer Vorqualifikation passen könnte.

○ Mit welchen Produkten oder Dienstleistungen können Sie sich identifizieren?

○ Was würden Sie auf keinen Fall verkaufen wollen?

Warum im Vertrieb arbeiten?

Wege in den Vertrieb – der Einstellungsprozess

Wie sieht der typische Einstellungsprozess für Vertriebsmitarbeiter aus? Worauf sollte ich mich einstellen? Wie kann ich mich vorbereiten – was sollte ich beim Vorstellungsgespräch beachten?

Geeignete Vertriebsmitarbeiter zu finden und einzustellen, zählt zu den Hauptaufgaben des Vertriebsmanagements. Im Rahmen dieser Aufgabe klärt das Unternehmen, wie der Einstellungsprozess ausgerichtet werden soll – welche Form der Einstellung gewählt wird.

Formen der Personaleinstellung

Unternehmen nutzen verschiedene Formen zur Personaleinstellung. Die folgende Abbildung gibt einen Überblick:

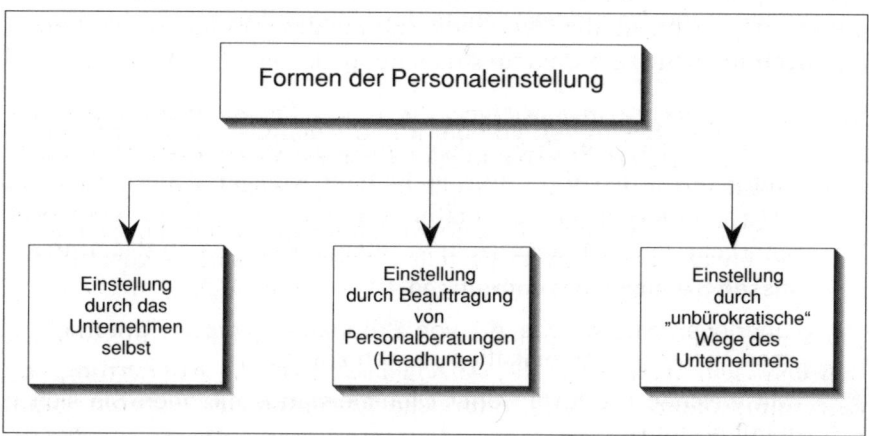

Abbildung 2: Formen der Personaleinstellung

Personaleinstellung durch Personalberatungen

Viele Unternehmen greifen heutzutage auf Personalberatungen („Head-hunter") zurück. Dabei geht es dem Unternehmen in erster Linie darum, Personal zu finden, das schon über Vertriebspraxis verfügt. Personalberatungen nehmen in der Regel telefonisch Kontakt zu den identifizierten Kandidaten auf und erfragen zunächst, ob ein grundsätzliches Interesse an einem Wechsel besteht. In diesem Erstgespräch gibt der Personalberater allgemeine Informationen zum auftraggebenden Unternehmen, seiner Marktstellung, dem Stellenprofil, zum Leistungsangebot und gegebenenfalls zum möglichen Einkommen. Nicht üblich ist, dass der Personalberater in der Anbahnungsphase seinen Auftraggeber namentlich bekannt gibt.

In den weiter gehenden Gesprächen stellt die Personalberatung den Kandidaten oder die Kandidatin dem Auftrag gebenden Unternehmen vor. Das Unternehmen ist ab diesem Zeitpunkt aktiv am Personaleinstellungsprozess beteiligt. Es steigt also erst zu einem späteren Zeitpunkt ein, nachdem die Personalberatung das Vorauswahlverfahren durchgeführt hat.

Mitarbeiter oder Berufseinsteiger, die durch Personalberatungen angesprochen werden, empfinden dies häufig als persönliche Wertschätzung und glauben den Job schon mehr oder weniger sicher zu haben. In vielen Fällen leistet die Personalberatung jedoch nur die Vorarbeit. Das eigentliche Bewerbungsverfahren setzt erst ein, wenn das auftraggebende Unternehmen aktiv in den Prozess miteinbezogen wird.

Ein Vorteil dieses Rekrutierungsverfahrens ist, dass das Unternehmen sich den Zeitaufwand für das Anzeigenschalten, die Auswertung von Bewerbungsunterlagen und zahlreiche Erstgespräche ersparen kann. Von Nachteil ist, dass der Auftraggeber dem Personalberater vertrauen muss, dass dieser sicher nicht alle potenziellen Kandidaten erreichen kann, und schließlich dass dieses Verfahren sehr teuer ist.

Das auftraggebende Unternehmen verspricht sich von dieser Form der Personaleinstellung, dass die Personalberatung genügend Kontakte zu potenziellen Kandidaten hat und dem Unternehmen zügig geeignete Kandidaten vorstellen kann. Bei der Suche nach Berufsanfängern wird dieses Verfahren wird jedoch eher selten eingesetzt. Wenn Sie als Berufsanfänger dennoch von einem Personalberater angesprochen werden sollten, so sollten Sie selbstbewusst auftreten und versuchen, durch aktives Nachfragen so viel Informationen wie möglich zu erhalten. Wenn sich das Berufsbild, die Branche sowie die Perspektiven und Einkommensmöglichkeiten als interessant darstellen, dann steht einem Vorstellungsgespräch sollten Sie in jedem Fall nichts im Wege. Zu diesem Vorstellungsgespräch sollten Sie in jedem Fall eine aussagefähige Bewerbungsmappe mitbringen.

Personaleinstellung durch das Unternehmen selbst

Üblicher ist, dass Unternehmen den Einstellungsprozess selbst durchführen. Die klassische Form bildet die Stellenanzeige. Heutzutage nutzen viele Unternehmen auch die Möglichkeit, Stellenanzeigen ins Internet zu stellen. Entweder nutzt das suchende Unternehmen dazu seine eigene Homepage oder stellt das Job-Profil bei so genannten „Job-Börsen" im Internet ein.

Suchende Unternehmen beschreiten aber auch zunehmend unbürokratische Wege, um geeignete Vertriebsmitarbeiter zu finden. Dazu zählen

● die Ansprache von Vertriebspersonal auf Messen,

● die Ausfragung eigener Kunden, um den Namen des Wettbewerbsverkäufers zu erhalten,

● die Ansprache des Vertriebspersonals von Lieferanten,

● die Bezahlung einer Erfolgsprämie an das eigene Vertriebspersonal, wenn eine erfolgreiche persönliche Vermittlung stattgefunden hat, und zunehmend

● die Präsenz bei so genannten Karrieretagen und auf Rekrutierungsmessen.

Für Vertriebseinsteiger bieten Messen wie z. B. die CeBIT in Hannover ein sehr geeignetes Umfeld, um Kontakte zu potenziellen Unternehmen herzustellen. Der oder die Suchende kann sich auf der Messe die Unternehmen und deren Auftritt ansehen und sich mit dem Leistungsangebot vertraut machen. Viele Unternehmen haben sich mittlerweile darauf eingestellt, auf einer Messe von Stellensuchenden direkt angesprochen zu werden. Es ist durchaus üblich, dass Stellensuchende am Counter eines

Messestands ihren Wunsch bekunden. Bei dieser Vorgehensweise empfiehlt es sich, aussagefähige Bewerbungsunterlagen mitzuführen. Wenn sich Mitarbeiter aus dem Personalbereich auf dem Messestand aufhalten, ist der Stellensuchende mit etwas Glück sofort an der richtigen Stelle.

In der Regel findet auf einer Messe ein erstes Kennenlerngespräch statt. Der Kandidat trägt sein Anliegen vor und übergibt seine Unterlagen. Der Mitarbeiter des Unternehmens stellt das Unternehmen vor, gibt Auskunft über den Leistungsumfang und skizziert den Einstellungsprozess.

Seltener kommt es schon gleich im Rahmen dieser Kontaktaufnahme zu einem ausführlichen Vorstellungsgespräch – dennoch sollten Sie sich darauf vorbereiten. Im günstigsten Fall wird ein Termin für ein weitergehendes Gespräch vereinbart.

Vorstellungsgespräch oder Assessment-Center?

Unternehmen klären zunächst in welcher Form die Einstellungsgespräche durchgeführt werden sollen. Es bieten sich prinzipiell zwei Standardformen an:

- Einzelgespräch/e mit dem Kandidaten,
- Gruppengespräche und/oder Assessment-Center.

Einzelgespräche (Vorstellungsgespräche) lassen im Gegensatz zum Assessment-Center eine stressfreiere und authentischere Gesprächssituation zu, da die real erlebte Konkurrenzsituation im Gruppengespräch, die zu Stress und konkretem Konkurrenzverhalten führt, nahezu ausgeschaltet werden kann. Andererseits ist es im Assessment-Center für das Unternehmen leichter möglich, das tatsächliche Verhalten der Kandidaten wahrzunehmen.

Im Vergleich zum Einzelgespräch ist die Vorbereitung und Durchführung des Assessment-Centers ungleich aufwendiger. Nicht jedes Unternehmen verfügt über ausgebildetes Personal mit fundierten Kenntnissen zur Durchführung eines Assessment-Centers. Dies ist aber unbedingt eine Voraussetzung, um ein erfolgreiches Assessment-Center durchführen zu können.

Es ist dann ratsamer eher ein Einzelgespräch durchzuführen, als ein mittelmäßiges Assessment-Center zu veranstalten, welches das gewünschte

Warum im Vertrieb arbeiten?

Ergebnis, den bzw. die am besten geeigneten Kandidaten zu ermitteln, vermissen lässt. Obwohl Assessment-Center sehr modern sind, bedeutet dies im Gegenzug nicht, dass das einzelne Vorstellungsgespräch eine veraltete Methode im Personaleinstellungsprozess ist.

Kombination von Personaleinstellungsformen

Für Unternehmen, die sich in einem Marktumfeld mit sinkender oder niedriger Attraktivität befinden, ist oder wird die Suche nach geeignetem Personal, also auch nach Vertriebspersonal, zunehmend schwieriger, denn die Attraktivität eines Unternehmens ist ein wichtiges Entscheidungskriterium für Stellensuchende.

Je attraktiver die Markt- und Unternehmenssituation sind, desto interessanter ist der Anbieter für den Kandidaten. Er verspricht sich bessere Einkommens- und Weiterentwicklungsmöglichkeiten. Unternehmen in einer unattraktiven Situation sind mehr oder weniger gezwungen, alle Möglichkeiten der Personalbeschaffung auszuschöpfen. Dabei kommt es zur Kombination der Personaleinstellungsinstrumente.

Die gewünschte, oder gezwungenermaßen zu praktizierende Kombination von Personaleinstellungsinstrumenten erfordert seitens der Personalabteilung und dem suchenden Bereich hohe Disziplin und Abstimmung einheitlicher Richtlinien. Denn, wenn sich Personalberater, Führungskräfte, Personalabteilung und Mitarbeiter gleichzeitig auf die Suche nach Personal begeben, ist es wichtig, dass alle die „gleiche" Sprache sprechen. Dies gilt insbesondere für die Einstellungskriterien und Vertragskonditionen, wie z. B. die Höhe des Grundgehaltes, Pkw-Regelung, Handy-Regelung, Urlaubstage, Urlaubs- und Weihnachtsgeld, Arbeitszeiten, usw. Es ist nachvollziehbar, dass es nicht im Sinne des Unternehmens und der Mitarbeiter ist, wenn es hierbei zu abweichenden Vereinbarungen kommt.

Neben der einzuhaltenen Disziplin und Abstimmung der Vertragskonditionen für die Suchenden sollte die Personalabteilung bei vertraglichen Angelegenheiten als Clearing-Stelle eingeschaltet werden. Sie verhindert unerwünschte Abweichungen.

Achten Sie bei Ihren Gesprächen auf die Vorgehensweise des Unternehmens. Verhält es sich seriös? Können Ihre Fragen bezüglich arbeitsvertraglicher Regelungen verständlich beantwortet werden? Arbeiten die Gesprächspartner mit Unternehmensrichtlinien, Betriebsvereinbarungen oder Ähnlichem oder haben Sie das Gefühl, dass alles verhandelbar ist?

Hauptzielsetzungen im Vorstellungsgespräch

Neben der Analyse, ob die notwendigen Vorqualifikationen vorhanden sind (Lebenslauf und Zeugnisse bilden die erste Basis), versucht das Unternehmen in den Interviews herauszufinden, ob die persönlichen Voraussetzungen, die Grundkompetenzen stimmen. Meist werden mehrere Gespräche geführt, die in der Regel an verschiedenen Tagen stattfinden, da oftmals erst im zweiten oder dritten Gespräch die persönlichen Merkmale des Kandidaten deutlicher werden. Bei den Folgegesprächen ist er meistens etwas gelockerter, die Gesprächssituation und die Gesprächspartner sind bereits bekannt, möglicherweise auch die Umgebung, sofern der Gesprächsort derselbe ist.

In dieser vertrauteren Gesprächssituation fällt der Stellensuchende eher in sein Grundverhalten zurück, er zeigt sich so, wie er wirklich ist. Für die Interviewer, die den Kandidaten mehrfach erleben können, zeichnet sich ein vollständiger Eindruck des Kandidaten ab. Aufgrund der vertrauteren Situation haben Kandidat und Interviewer bessere Möglichkeiten, auch tiefer gehende Fragen zu stellen und zu diskutieren.

Die Durchführung von mehreren Interviews wirkt gleichzeitig dem Umstand der „schlechten Tagesform" des Kandidaten oder der Interviewer entgegen. Kandidat und Interviewer erleben sich in unterschiedlichen Tagesformen. Dieser Umstand ist sehr wichtig, damit beide Seiten ein möglichst klares Bild voneinander erhalten können. Andererseits hat der Kandidat die Möglichkeit, ein authentisches Feedback zu seiner Person zu bekommen. Damit kann er sich selbst besser einschätzen. Unglückliche Situationen aufgrund der „schlechten Tagesform" in vorangegangenen Gesprächen können durch Kandidat und Interviewer wieder ausgeglichen werden.

Das Verkaufsrollenspiel als Bestandteil des Vorstellungsgesprächs

Entscheidet sich das Unternehmen für einen Einstellungsprozess mit Interviews und Vorstellungsrunden, dann entfallen üblicherweise praktische Übungen, die beim Assessment-Center-Verfahren Aufschluss über das konkrete Verhalten in einer Übungssituation liefern sollen. Es hat sich als sehr effektiv erwiesen auch beim Interviewverfahren oder bei Vorstellungsgesprächen, den Kandidaten eine praktische Übung, z. B. ein Verkaufsrollenspiel, zu geben. Seien Sie also immer auf eine solche Situation gefasst. Auf Seite 44 liefere ich Ihnen konkrete Hinweise, wie Sie sich auf eine solche Übung vorbereiten können.

Inhalt des Verkaufsrollenspiels

Inhalt dieser Übung ist in der Regel ein Verkaufsgespräch, das der Kandidat mit den Interviewern führt. Dabei können Gegenstände, die z. B. auf dem Schreibtisch liegen wie Taschenrechner, Schreibtischunterlagen oder Schreibstifte für das Flip-Chart-Board, als geeignete Übungsprodukte eingesetzt werden.

Die Rolle des Kandidaten ist die des Verkäufers, die Rollen des oder der Interviewer sind Einkäufer und/oder Organisationsverantwortlicher. Der Kandidat wird gebeten, sich auf das Verkaufsgespräch vorzubereiten. Dazu werden ihm Schreibzeug und Schreibblock zur Verfügung gestellt.

Wenn Sie sich also in einer solchen „Verkaufssituation" befinden, machen Sie sich klar,

- dass es sich um ein Verkaufs-„Spiel" handelt, das nur einige Hinweise auf Ihre Fähigkeiten liefern soll,
- dass es nicht um die Vorführung einer perfekten Verkaufsverhandlung mit Abschluss geht,
- dass die Interviewer keine „Fallen" stellen werden, sondern Sie unterstützen, falls der Verkaufsprozess ins Stocken gerät,
- dass die Interviewer die Richtigkeit von sachlichen bzw. technischen Aussagen nicht hinterfragen werden (z. B. „die Batterie hält 20 Jahre"),
- dass Sie den Prozess selbst steuern, in dem Sie sich die Vorgeschichte und das Ziel des Verkaufsgespräches selbst setzen können.

Vorbereitung und Durchführung

Der Kandidat hat nun 10 Minuten Zeit um sich allein vorzubereiten, die Interviewer verlassen den Raum, fragen beim Verlassen nochmals nach, ob die Aufgabe verstanden wurde, nehmen dem Kandidaten nochmals Stress durch eine Geste, z. B. Kaffee nachschenken. Nach ca. 5 Minuten sollten die Interviewer kurz den Fortgang der Vorbereitung erfragen.

Ist die Vorbereitungszeit verstrichen, betreten die Interviewer wieder den Raum und fragen nach, wie sich der Kandidat das Gespräch vorstellt. Dann startet das Verkaufsgespräch. Wichtig ist jetzt, dass man das Gespräch laufen lässt. Die Interviewer versuchen, sich tatsächlich in die ihnen zugedachten Rollen zu versetzen und nehmen gleichzeitig die Rolle der Beobachter ein. Die Interviewer stimmen sich vorher darüber ab, wer hauptsächlich die Rolle des Beobachters einnimmt. Beispielsweise ist der „Einkäufer" der Akteur, der „Organisationsverantwortliche" hält sich eher zurück und beobachtet, macht sich Notizen, merkt sich die Details des Verkaufsverhaltens.

Die Länge dieser Übung sollte 15 Minuten nicht überschreiten, anschließend beenden die Interviewer die Übung und leiten eine kurze Entspannungsphase ein.

Der Kandidat wird jetzt nach seinem persönlichen Befinden befragt und wird gebeten zu beschreiben, wie er das Verkaufsgespräch empfunden hat, und wie er glaubt auf die Interviewer gewirkt zu haben.

Nachdem der Kandidat seine Eindrücke geschildert hat, stellen nun die Interviewer dem Kandidaten ebenfalls dar, wie sie das Gespräch empfunden haben und welche Verhaltensweisen sichtbar wurden. Dies ist nicht nur wichtig der Sache wegen, sondern der Kandidat erwartet diese Rückmeldung, denn aus seiner Sicht hat er ja ein Aufgabe gelöst und möchte gerne das Ergebnis kennen lernen.

Ein durch den Interviewer professionell geführtes Gespräch können Sie daran erkennen, dass er sich an die wichtigen Feedback-Regeln hält. Die Beachtung der Feedback-Regeln bildet die Grundlage für einen erfolgreichen Fortgang der Gespräche. Dadurch verschaffen sich Interviewer und Kandidat ein konstruktives und für beide Seiten nutzbringendes Gesprächsklima. Das bedeutet, dass sich Kandidat und Interviewer nicht einer anstrengenden und womöglich beklemmenden Gesprächssituation aussetzen. Kritische Rückmeldungen führen nicht zwangsläufig zu Unwohlsein. Der Kandidat erhält konstruktive Informationen zu seiner Person und seiner Wirkung auf andere – dies öffnet ihm gleichzeitig Möglichkeiten zur persönlichen Weiterentwicklung.

> ➤ Direkte Rückmeldung an den Kandidaten
>
> ➤ Konkrete Information (so genau wie möglich formulieren)
>
> ➤ Konstruktive und wohlwollende Ansprache
>
> ➤ „Ich"-Botschaften senden (… mir ist aufgefallen, dass Sie …)
>
> ➤ Kein Feedback zu Dingen, die nicht zu ändern sind
>
> ➤ Feedback annehmen, nicht unterbrechen und rechtfertigen

Abbildung 3: Regeln für ein erfolgreiches Feedback

Mögliche Verkaufsrollenspiele – drei Beispiele

Die folgenden drei Beispiele skizzieren mögliche Verkaufssituationen in einem Verkaufsrollenspiel:

Beispiel 1 - Nutzenargumentation

Der Kandidat wird gebeten, sich in die Rolle eines Vertriebsmitarbeiters zu versetzen, der einen Termin mit der Organisationsabteilung eines Kunden vereinbart hat. Das Unternehmen möchte für seine Mitarbeiter neue Tischtaschenrechner einkaufen. In dieser Situation geht es darum, dass der Kandidat die technischen Vorzüge „seines" Produktes hervorhebt. Welche technischen Eigenschaften sind nutzbringend für die Mitarbeiter des Unternehmens – z. B. „das Display dieses Taschenrechners ist besonders groß. Die gute Lesbarkeit der Zahlen erhöht den Komfort bei der Nutzung und wirkt schneller Ermüdung entgegen." Welche technischen Eigenschaften werden noch als Nutzen dargestellt? Wie baut der Kandidat seine Argumentation auf? Wie präsentiert er sich und das Produkt? Diese Frage möchten die Interviewer durch das konkrete Verhalten „beantwortet" sehen.

Beispiel 2 – Anpassungsfähigkeit und Sensibilität

Der Kandidat hat in seiner Rolle als Vertriebsmitarbeiter einen Folge-
termin mit der Einkaufsabteilung vereinbart. Es geht um die Beschaffung einer neuen Telefonanlage. Zum Termin erscheint aber auch der
Verantwortliche aus der EDV-Abteilung des Kunden. Dem Einkäufer
geht es um einen möglichst niedrigen Einkaufspreis, dem EDV-Mit-
arbeiter um das technisch beste Produkt für sein Unternehmen. Er
favorisiert „Ihre" Telefonanlage, die aber etwas teurer ist als das Produkt des Mitbewerbs. Ermittelt werden soll in diesem Spiel: Wie argu-
mentiert der Kandidat? Gelingt es, den Mehrpreis durch besondere
Eigenschaften wieder wettzumachen? Wie grenzt der „Vertriebsmitarbeiter" sein Produkt gegenüber der Konkurrenz ab – wie spricht er
über die Konkurrenz? Wie geht er mit dem Interessenkonflikt zwischen
Einkauf und Organisation um?

Beispiel 3 – Preisverhandlung

Der Kandidat erscheint zum Abschlusstermin in der Einkaufsabteilung.
Am Gespräch nehmen der Einkäufer und der Organisationsverantwortliche teil. Es sollen 500 Flip-Chart-Boards beschafft werden. Der
Mitarbeiter aus der Organisation neigt zu „Ihrem" Produkt, könnte
aber auch mit der Lösung der Konkurrenz „leben". Der Einkäufer teilt
dem Vertriebsmitarbeiter mit, dass er ein Angebot vorliegen hat, dass
10 Prozent preiswerter ist. Wie geht der Kandidat mit dieser Situation
um? Welche Fragen stellt er? Wie nutzt er die Präferenz des Organisa-
tionsmitarbeiters? Wie bringt er das Gespräch zum Abschluss?

Wie bereite ich mich auf die Übung vor?

Unabhängig von der konkreten Aufgabenstellung ist es zunächst wichtig, dass Sie sich einige Gedanken über einen Gesprächseinstieg machen.
Worüber könnten Sie sprechen, um in der „Warm-up"-Situation die
Beziehungsebene aufzubauen? Sie könnten sich z. B. für das Zustande-
kommen des Termins bei Ihren Gesprächspartnern bedanken.

Sie sollten sich mit „Ihrem" Produkt vertraut machen. Welche Eigenschaften besitzt es? Welche der Eigenschaften verschaffen dem Kunden
einen Nutzen? Um Nutzen zu erkennen, bietet sich die Hilfsfrage „Was
habe ich davon?" an. Gibt es im Umfeld des Produktes weitere Leis-

tungen (z. B. Service- oder Garantieleistungen), die für den Kunden von Nutzen sein könnten? Welche der genannten Nutzen sind so „stark", dass sie einen möglichen Mehrpreis rechtfertigen?

Abschließend sollten Sie sich auf Einwände der Gesprächspartner einstellen. Welche Einwände könnten kommen (Preis, Zufriedenheit mit derzeitigem Lieferant, Präferenzen, usw.)? Einwände sollten nicht als Fallen, sondern als für den Gesprächspartner wichtige und die Entscheidung beeinflussende Sachverhalte aufgefasst werden. Welches Motiv verbirgt sich hinter dem Einwand? Wo hat der Kunde Bedenken? Was möchte er vorbeugen? Wie gehe ich generell mit Einwänden um?

Versetzen Sie sich also in die Situation eines „echten" Verkaufsgespräches. Sehen Sie in den Interviewern Ihre zukünftigen Kunden. Je mehr Sie in dieser Rollensituation die innere Einstellung einer „echten" Situation haben, desto authentischer und überzeugender können Sie wirken.

Nutzen des Verkaufsrollenspiels und Fazit

Trotz der Übungs- oder „Laborsituation" hat sich herausgestellt, dass das verkäuferische Verhalten des Kandidaten im Hinblick auf die persönlichen Grundkompetenzen sehr häufig mit seinem Verhalten beim „echten" Kunden übereinstimmt.

Somit liefert das Verkaufsrollenspiel eine sehr gute Möglichkeit, Zugang zu Ihren persönlichen Grundkompetenzen und zu Ihrem wahrscheinlichen Echtverhalten beim Kunden zu bekommen. Dies hilft Ihnen bei der Einschätzung Ihrer möglichen zukünftigen Aufgabe als Vertriebsmitarbeiter. Um diese Merkmale identifizieren und richtig einschätzen zu können, sollte mindestens eine interviewende Person über fundierte Vertriebspraxis verfügen, am besten selbst noch in der Vertriebspraxis stecken.

Selbst wenn Sie bereits über einschlägige Vertriebserfahrung verfügen, sollten Sie mit einem solchen Rollenspiel rechnen. Die Interviewer haben dann die Möglichkeit, das bereits etablierte Vertriebsverhalten kennen zu lernen und Ausprägungen der persönlichen Grundkompetenzen wahrnehmen zu können.

Beim Verkaufsrollenspiel handelt es sich um eine unkomplizierte und sehr effektive Methode, Zugang zu den persönlichen Grundkompetenzen zu erhalten. Es erfordert wenig Vorbereitungszeit und ist schnell und problemlos durchführbar.

Die Interviewer sollten über Erfahrung mit dieser Übung verfügen oder vor dem ersten Mal selbst üben und die verschieden Rollen einnehmen. Auch das Feedbackgeben muss geübt (sollte trainiert) werden, damit Unternehmen und Kandidat wirklich davon profitieren können.

Was ich beim Einstellungsprozess beachten sollte

Wenn es nach Übermittlung der Bewerbungsunterlagen zu einem persönlichen Vorstellungsgespräch kommt, kann man davon ausgehen, dass die Vorqualifikationen zum Produkt- und Leistungsumfang passen. Worum geht es im Vorstellungsgespräch? Ziel des einstellenden Unternehmens ist es, herauszufinden ob der Mitarbeiter selbst zum Unternehmen passen könnte. Wer verbirgt sich hinter den Bewerbungsunterlagen? Welche persönlichen Grundkompetenzen sind vorhanden? Da diese Fragen nur schwer in einem einzigen Gespräch beantwortet werden können, sollten Sie sich auf mindestens zwei oder drei Gespräche einrichten.

Damit Sie einschätzen können, ob das Unternehmen zu Ihnen selbst passt und ob Sie sich vorstellen können, in diesem Unternehmen zu arbeiten, sollten Sie folgende Fragen bereit halten:

▶ **Welche Produkte und Leistungen sollen vermarktet werden?**
Für welche Produkte oder Produktgruppen ist diese Vertriebsposition vorgesehen? Gibt es noch andere Vertriebspositionen im Unternehmen?

Dies liefert Hinweise auf die Vertriebsstruktur.

▶ **Welche Stellung hat das Unternehmen im Markt?**
Ist das Unternehmen marktführend, greift es an oder läuft es mit? Welche Chancen hat das Unternehmen, um im Markt eine bedeutende Rolle zu spielen? Welches Image hat das Unternehmen und seine Vertriebsmannschaft?

Dies lässt sich in einigen Fällen auch schon vorher ermitteln, vor allem bei Konzernen (Aktienwerte, Homepage, Branchenzeitungen).

▶ Wie hat sich der Gesamtmarkt in den letzten Jahren entwickelt?

Ist der Markt stabil, rückläufig oder wächst er?

Die Antwort liefert Hinweise auf die mittel- bis langfristige Perspektive, aber nicht zwangsläufig auf die Professionalität der Vertriebsorganisation. Dennoch ist die Antwort wichtig, um für sich selbst entscheiden zu können, ob die Perspektive zur eigenen Berufsplanung passt.

▶ Wie sieht die Konkurrenzsituation aus?

Wer sind die härtesten Wettbewerber? Wie ist das Verhalten der Marktteilnehmer? Durch welche Maßnahmen gewinnt man den Kunden? Stehen Preiskampf oder Leistung im Vordergrund? Wodurch differenziert sich das Unternehmen? Welche Marketingmaßnahmen setzt das Unternehmen um?

Dies gibt Aufschluss über den Grad der Anstrengungen, Geschäfte zu realisieren.

▶ Wie ist die Vertriebsorganisation strukturiert?

Wie groß ist das Verkaufsteam? Wo sitzt der „Chef"? Wie ist der Vertriebsbereich hierarchisch aufgebaut? Welche verschiedenen Vertriebspositionen gibt es?

Eine flache Hierarchie lässt kurze und schnelle Entscheidungswege vermuten.

▶ In welchem Verkaufsbezirk soll ich eingesetzt werden?

Ist derzeit ein Verkaufsbezirk vakant? Handelt es sich um einen bestehenden oder neu aufzubauenden Verkaufsbezirk? Für wen (Kunde oder Interessenten, usw.) werde ich verantwortlich sein? Wie werden Verkaufspotenzial und Verkaufschancen in diesem Bezirk durch die Gesprächspartner eingeschätzt?

▶ Wer sind meine Kollegen – wer ist mein Vorgesetzter?

Wenn möglich sollten Sie jemanden aus „Ihrem" Team kennen lernen. Im Vorstellungsprozess für den Vertrieb ist es üblich, dass Sie im Fortgang der Gespräche Ihren direkten Vorgesetzten kennen lernen. Hier sollte die „Chemie" stimmen.

▶ Wie sieht ein typischer Arbeitstag aus?

Wann beginnt und wann endet er üblicherweise? Welche Aufteilung des Tages ist optimal (Bürozeiten, Akquisition, Kundenbesuche, Administration, Meetings, usw.)?

▶ Wie und durch wen werde ich eingearbeitet?

Wer nimmt mich zu Beginn „an die Hand"? An wen kann ich mich wenden? Wen kann ich um Hilfe fragen? Wer zeigt mir, wie es geht?

▶ Was wird von mir in der Einstiegsphase erwartet?

Welche Zielvorgaben erwarten mich? Ist das für mich realistisch? Werde ich damit alleine gelassen? Wie findet der Austausch mit meinem Vorgesetzten statt?

▶ Welche Trainings- und Ausbildungsmaßnahmen sind vorgesehen?

Verfügt das Unternehmen über eine eigene Trainingsabteilung? Welche Trainingsangebote existieren?

Die Antwort liefert einen Hinweis auf die Bereitschaft des Unternehmens in seine Mitarbeiter zu „investieren".

▶ An wen kann ich mich wenden, wenn ich einmal nicht weiterkomme?

Ist mein Chef jederzeit ansprechbar? Wer hilft mir weiter, wenn es nicht richtig klappt? Wer entwickelt mit mir in schwierigen Situationen eine Lösung?

▶ Wie setzt sich mein Gehalt zusammen?

Handelt es sich um ein kombiniertes Entlohnungssystem (siehe zu Entlohnungsformen ab Seite 170)? Wie hoch ist das Grundgehalt? Wie ist das Provisionssystem gestaltet? Welche Geschäfte werden besonders gut belohnt? Gibt es weitere Gehaltsbestandteile?

▶ Welche Einkommensperspektive habe ich?

Welche Einkommenshöhe habe ich im ersten und in den Folgejahren zu erwarten? Was ist realistisch?

▶ Was steht im Vertrag – was ist dort geregelt?

Arbeitsverhältnis befristet oder unbefristet, Anzahl Urlaubstage, Zusatzleistungen wie Pensionen, Arbeitszeiten, Kündigungsfristen, usw.

Ein konkreter Vertragsentwurf wird in der Regel erst diskutiert, wenn mehr oder weniger für beide Seiten klar ist, dass man „zueinander passt" und zusammenarbeiten möchte. Die meisten Punkte sind ohnehin nicht verhandelbar, da es im Rahmen des Gleichheitsprinzips häufig Betriebsvereinbarungen oder Einstellungsrichtlinien gibt.

▶ Gibt es Verkaufswettbewerbe und/oder Incentiveprogramme?

Wird über Wettbewerbe oder Incentives zusätzlich motiviert? Wie ist der laufende Wettbewerb ausgestaltet?

▶ Gibt es eine Firmenwagenregelung?

Welche Wagen kann ich fahren? Ist eine private Nutzung möglich? Wie bin ich versichert? Was kostet mich die private Nutzung?

▶ Wie sieht mein Arbeitsplatz aus – welche Hilfsmittel werden mir zur Verfügung gestellt?

Wo und wie werden die Kunden- und Interessentendaten verwaltet? Steht mir ein PC oder Laptop zur Verfügung? Wird verkaufsunterstützende Software (CAS-Systeme) eingesetzt? Welche Verkaufsförderungsmaßnahmen werden eingesetzt (Präsentationsmöglichkeiten, Messen, Kundenzeitungen, Mailings, usw.)?

▶ Welche beruflichen Perspektiven habe ich im Unternehmen?

Welche Weiterentwicklungsmöglichkeiten existieren? Wie werde ich auf zukünftige Aufgaben vorbereitet? Wie hängt die Erreichung meiner Zielvorgaben mit den Karrieremöglichkeiten zusammen? Was wird von mir erwartet? Was kann ich erwarten?

▶ **Mit welchen Entscheidungskompetenzen sind Vertriebsmitarbeiter im Unternehmen ausgestattet?**
Welche Handlungsspielräume habe ich in der Tagesarbeit? Wie viel Verantwortung wird mir übertragen? Wie, in welchem Rahmen und an wen berichte ich (Berichtswesen, Meetings, Einzelgespräche, Vertriebssteuerung, usw.)?

Diese Fragen können als Leitfaden angesehen werden – Sie können davon ausgehen, dass das Unternehmen im Rahmen der Vorstellungsgespräche quasi „ungefragt" Informationen bereit hält, die einen Teil der Fragen beantwortet. Die unbeantworteten Fragen sollten gestellt werden. Es ist üblich, den Kandidaten zu bitten, Fragen zu stellen. Darauf sollten Sie sich möglichst gezielt vorbereiten.

KURZCHECK

○ Geeignetes Vertriebspersonal einzustellen zählt zu den Hauptaufgaben des Vertriebsmanagements.

○ Personalberatungen werden bei Suche von Junior-Vertriebsmitarbeitern eher selten eingesetzt.

○ Die direkte Ansprache von Unternehmen auf einer Messe stellt neben den klassischen Formen wie die Stellenanzeige (Zeitung, Internet) ein sehr geeignetes Mittel zur Kontaktaufnahme dar.

○ Bereiten Sie Bewerbungsunterlagen vor und führen Sie diese mit, wenn Sie sich zu einer direkten Ansprache eines Unternehmens auf einer Messe entschließen.

○ Richten Sie sich im Einstellungsprozess auf mehrere Interviewrunden ein.

○ Professionelle Vertriebsorganisationen richten ihr Hauptaugenmerk im Vorstellungsgespräch auf die persönliche Eignungsmerkmale des/der Kandidaten/in.

○ Stellen Sie sich gedanklich auf eine kleine Übung (z. B. ein Verkaufsrollenspiel) ein. Üben Sie mit einem imaginären Kunden oder einer Vertrauensperson als Kunden.

○ Geben Sie sich am besten, wie Sie sind.

Warum im Vertrieb arbeiten?

Prinzipien des Vertriebs im Gesamtzusammenhang

Bevor wir uns im nächsten Kapitel mit dem konkreten Tagesgeschäft im Vertrieb beschäftigen, führen folgende Abschnitte zunächst in die Prinzipien des Vertriebs im Gesamtzusammenhang ein. Auf welche Marktsituationen können wir treffen? Welche Konsequenzen ergeben sich daraus für den Vertrieb? Was ist ein Verkaufszyklus – wann beginnt und wann endet er? Wie organisiert sich der Vertrieb? Wodurch lässt er sich steuern? Konkrete Beispiele und Maßnahmen ergänzen dabei die Ausführungen.

Durch die Kenntnis der Gesamtzusammenhänge lassen sich die Vertriebssituationen besser einschätzen. Dies kann Ihnen bei der Auswahl „der Vertriebsorganisation" helfen, die Ihnen persönlich am besten liegt.

Die Marktsituation

Neben dem Leistungsangebot und der Zielsetzungen des vertreibenden Unternehmens werden Anforderungen an die Direktvertriebsorganisation in erheblichem Maße von der aktuellen Marktsituation und der zukünftigen Marktentwicklung definiert.

Das vertreibende Unternehmen ist Bestandteil seines Marktumfeldes und bildet neben den Kunden und den Wettbewerbern einen Teil des strategischen Dreiecks (Kunde, Anbieter, Wettbewerber). Aus dieser Konstellation ergeben sich für das vertreibende Unternehmen konkrete Handlungskonsequenzen und durch den Markt beeinflusste Begrenzungen. Es ist wichtig, immer wieder die aktuelle Marktsituation zu untersuchen, um Handlungsspielräume und Handlungsbegrenzungen erkennen zu können.

Die Analyse der Marktsituation umfasst im Wesentlichen die Bereiche:

▶ **Marktanteilsanalyse**
Die Marktanteilsanalyse (Marktführer, Angreifer oder Mitläufer) sowie die Analyse der Entwicklung des Unternehmens im Marktumfeld ermittelt die Marktposition des vertreibenden Unternehmens.

▶ **Imageanalyse**
Das Image des vertreibenden Unternehmens im Marktumfeld wird untersucht: Welche Meinungen und Einstellungen haben Kunden und Lieferanten zum Unternehmen? Welchen Ruf genießt es?

▶ **Wettbewerbsanalyse**
Eine Wettbewerbsanalyse eruiert die Marktposition und Entwicklung der stärksten Mitbewerber. Das eigene Produktportfolio wird hinsichtlich der zukünftigen Wachstumschancen im Vergleich zum Wettbewerbsportfolio bewertet.

▶ **Analyse der Marktform**
Ermittlung der Anzahl der Mitbewerber und Anzahl der Nachfrager im Marktumfeld.

▶ **Strategische Chancenanalyse**
Die Entwicklung des Gesamtmarktvolumens wird prognostiziert und neue Trends und Chancen werden ausgelotet.

Die Marktteilnehmerzahl bestimmt die Marktsituation

Ein weiterer Ansatz, Handlungsspielräume und -begrenzungen erkennen zu können, bildet die Analyse des Marktumfeldes nach der Anzahl der Marktteilnehmer und der eigenen Marktstellung. Folgende Marktformen, die aus der Anzahl der Marktteilnehmer resultieren, können definiert werden: das Monopol, das Oligopol und das Polypol.

Das *Monopol* ist dadurch gegezeichnet, dass den Kunden nur ein Anbieter zur Verfügung steht, der die nachgefragte Leistung liefern kann. Der Kunde ist somit auf den Anbieter angewiesen. Dies versetzt den Anbieter in die „glückliche" Lage das Leistungsportfolio und die Verkaufspreise auf die eigenen Unternehmensziele hin zu optimieren. Der

Zusammenhang zwischen Angebotspreis und Absatzmenge ist in den Wirtschaftswissenschaften umfassend analysiert und beschrieben. Der Handlungsspielraum ist im Vergleich zum Oligopol oder Polypol für das Unternehmen am größten.

Die Anforderungen an die Vertriebsmannschaft sind beim Monopol im Vergleich zu anderen Marktformen niedrig. Harte Verhandlungen, das Durchsetzen des eigenen Angebotes gegenüber dem Angebot des Mitbewerbers entfallen. Es besteht vielmehr die Gefahr, dass sich bei der Vertriebsmannschaft die Haltung durchsetzt: „Kunde, friss oder stirb!". Darunter kann das Image des Unternehmens leiden, was dazu führt, dass das Interesse der Kunden, mit diesem Unternehmen Geschäfte zu tätigen und Verträge abzuschließen, abnimmt. Manche Monopolisten reagieren auf dieses Verhalten, indem sie die Preise erhöhen.

Um in dieser Marktsituation jedoch langfristig die Umsätze zu steigern, bzw. mögliche Umsätze nicht zu verlieren, besteht die Hauptaufgabe für die Vertriebsleitung darin, eine Einstellung in der Mannschaft durchzusetzen, die dem Kunden Engagement, Zuverlässigkeit und Einsatzfreude signalisiert. Der Betreuungsaufwand für den Kunden ist hoch zu halten.

Das *Oligopol* ist dadurch gekennzeichnet, dass den Nachfragern nur eine kleine Anzahl von Anbietern gegenübersteht. Nach der Spieltheorie ergeben sich in einer solchen Marktform für die Anbieter zwei grundsätzliche Verhaltensweisen:

Zum einen halten die Anbieter hinsichtlich der Preisgestaltung still, teilen sich stillschweigend den „Kuchen" und frieren das Preisgefüge ein. Eine nach dem Kartellgesetz verbotene Form bildet die Preisabsprache, bei der die Gruppe der Anbieter versucht, das Preisniveau zu steigern und den Markt abzuschöpfen.

In dieser Oligopolsituation sind die Anforderungen an die Vertriebsorganisation nicht besonders hart, da kein Preiskampf stattfindet. Die Auswirkungen und Konsequenzen eines Preiskampfes für die Vertriebsorganisation werden ab Seite 60 detailliert erläutert.

Zum anderen versucht ein Anbieter, mittels Absenkung der Angebotspreise Marktanteile hinzuzugewinnen. Dies gelingt kurzfristig, führt aber in der Regel dazu, dass die anderen Anbieter ebenfalls die Preise senken und Marktanteile zurückgewinnen. Das Ergebnis einer solchen

Preisstrategie ist, dass die ursprüngliche Marktanteilsverteilung wieder erreicht, aber das Gesamtmarktumsatzvolumen für alle Beteiligten geringer geworden ist. Wird dieser Prozess dadurch forciert, dass immer wieder ein Anbieter nach vorne prescht und die Preise absenkt, um Marktanteile zu erringen, spricht man vom ruinösen Preiskampf, der letztlich darin endet, dass einzelne Anbieter vom Markt verschwinden, übernommen werden oder Konkurs anmelden.

Ein weiterer Effekt des ruinösen Preiskampfes ist, dass die Anbieter gezwungen werden, aktives und aggressives Kostenmanagement zu betreiben, um bei sinkenden Margen, die Gewinnziele und die Rendite sicherstellen zu können. Prinzipiell ist natürlich das Kostenmanagement ein stetige Managementaufgabe. Der ruinöse Preiskampf führt aber zwangsläufig dazu, dass Kostenbereiche angetastet werden müssen, die für die Aufrechterhaltung des Leistungsumfangs notwendig sind. Werden dennoch in diesen Bereichen Kosten gesenkt, führt dies zu einer Beeinträchtigung der Leistungsfähigkeit des Unternehmens. Stellt man sich z. B. vor, dass Mindestlagerbestände reduziert werden, um die Zinskosten für das gebundene Kapital zu senken, kann darunter die Lieferfähigkeit leiden. Durch das aggressive Kostenmanagement wird die Gesamtleistung der Anbieter zunehmend schlechter. Dass es alle Anbieter mehr oder weniger gleich betrifft und somit alle Anbieter schlechter leisten werden, ist nur ein schwacher Trost.

Der Kunde, der der vermeintliche Gewinner dieser Entwicklung ist – er bezahlt immer weniger für die Leistung – muss sich ebenfalls an ein schlechteres Leistungsniveau gewöhnen. Setzt der Kunde serviceintensive Investitionsgüter dieser Branche ein, um selbst Geld damit zu verdienen, kommen zeitversetzt auch Probleme auf den Kunden zu. Wenn z. B. seine Maschinen ausfallen und er zu lange auf Servicetechniker warten muss, ist nämlich auch er dann nicht mehr in der Lage, seine Gesamtleistung optimal aufrecht zu erhalten. Seine Kunden werden unzufrieden und beginnen, nach Alternativen zu suchen. Der dadurch entstehende Imageschaden ist nur langfristig wieder zu korrigieren. Es kostet viel Kraft, einen Kunden zurückzugewinnen. Vor allem dann, wenn er wegen Unzufriedenheit den Anbieter gewechselt hat.

Die Einsparung durch die geringere Investitionssumme wird durch zusätzliche Qualitätskosten wieder verbraucht, wenn z. B. die Serviceleistung nicht mehr stimmt oder die Maschine fehlerhaft ausgeliefert

wurde. Schriftwechsel, Abmahnungen langwierige gerichtliche Auseinandersetzungen können die Folge sein und zusätzliche Ausgaben verursachen.

Das Verdrängen von Anbietern mittels ruinösem Preiskampf oder die
Überlegung des angreifenden Anbieters, andere Anbieter in die Knie zu
zwingen, um sie anschließend zu übernehmen, wenn die Luft dünn
wird, ist häufig strategische Absicht des „Angreifers" und in Grenzen
legitim. An die Vertriebsorganisation stellt diese Ausprägung des
Oligopols sehr hohe Anforderungen. Der Grad der Anstrengung, Vertragsabschlüsse in diesem Umfeld zu generieren, ist besonders hoch
(siehe dazu Seite 60 ff.).

Im *Polypol* stehen den Nachfragern viele Anbieter gegenüber. Man
spricht bei dieser Marktform auch von der vollständigen Konkurrenz.
Ein Kennzeichen dieser Marktform ist das feste Preisgefüge. Anbieter,
die in dieser Marktform operieren, vertreiben in der Regel nicht über
Direktvertriebsorganisationen, sondern nutzen indirekte Absatzkanäle.
Für die Organisationen, die mit Direktvertriebspersonal arbeiten, ist
die Rolle des Vertriebsmitarbeiters eher die des Kundenbetreuers, da
der Preis und das Preis-Leistungs-Verhältnis feststehen.

Die Marktdynamik beeinflusst die Marktsituation

Die Marktdynamik wird durch das mögliche Marktwachstum (Entwicklung der Umsatz- und Gewinnpotenziale), durch die aktuelle
Marktform (Monopol, Oligopol oder Polypol), die Innovationsfreudigkeit und zeitlichen Innovationsschritte sowie die Veränderungen bei
den Marktteilnehmern (Entwicklung der Anzahl der Anbieter, der
Nachfrager, usw.) bestimmt.

Ein weiteres Merkmal, das die Marktdynamik beeinflusst, ist die Art
des Marktes. Es kann der Verteilermarkt vom Verdrängungsmarkt
unterschieden werden.

Der *Verteilermarkt* ist dadurch gekennzeichnet, dass die Leistung quasi
verteilt werden kann. Dies ist der Fall, wenn

- nur ein Anbieter (Monopol) den Nachfragern gegenübersteht,
- bei hoher Nachfrage die Marktsättigung sehr gering ist,
- neue Produkte bei hoher Nachfrage eingeführt werden.

Der *Verdrängungsmarkt* ist dadurch gekennzeichnet, dass das vertreibende Unternehmen nur dann neue Kunden für sich gewinnt, wenn es dem Mitanbieter einen Kunden abwirbt, also den Mitanbieter verdrängt. Diese Marktsituation entsteht

- in Märkten mit hoher Marktsättigung,
- in Märkten mit geringeren Wachstumsentwicklungen,
- in schrumpfenden Märkten,
- in Märkten mit ruinösem Preiskampf.

Die Marktdynamik als Bestandteil des Marktumfeldes liefert ebenfalls eine Analysebasis, aus der Konsequenzen oder Schlussfolgerungen für die Vertriebsorganisation gezogen werden können. Ist die Marktdynamik gering, so gerät die Vertriebsorganisation seltener unter Druck, sie kann Vertriebsmaßnahmen mit ausreichend Zeit planen und testen und hat genügend Zeit Fehler zu kompensieren.

In einem Marktumfeld mit sehr hoher Marktdynamik gerät die Vertriebsorganisation schnell und häufig unter Druck. Hohe Flexibilität und schnelle Anpassung an neue Marktbedingungen werden erforderlich. Fehlentscheidungen haben zum Teil gravierende Auswirkungen auf das Ergebnis der Vertriebsorganisation, die Zeit für Korrekturen fehlt. Die internen Prozesse, Berichtswege, Entscheidungswege, Ausbildungs- und Trainingsprozesse müssen mit hoher Geschwindigkeit optimiert und stetig verbessert werden.

Der Vertriebsführung sollte es in einer solchen Situation gelingen, eine Einstellung und Vertriebskultur zu etablieren, die schnelle Umstellungen und Veränderungen möglich machen. Sie muss sicherstellen, dass die Vertriebsmannschaft durch häufige Anpassungen und somit Veränderungen (Aufgaben, Strukturen, Prozesse, Schwerpunkte) nicht überfordert, frustriert oder verunsichert wird.

Konsequenzen für die Vertriebsorganisation ...

Durch die Marktsituation werden die Anforderungen an die Vertriebsmannschaft, der Grad der Anstrengung, um Abschlüsse zu generieren,
beeinflusst und definiert.

Im Folgenden werden die Anforderungen und der Grad der Anstrengung in Abhängigkeit von der Marktform und von den Aspekten der
Marktdynamik beschrieben. Dabei liegt das Hauptaugenmerk auf der
Marktform des Oligopols, da diese Marktform bei Herstellern und Vertriebsorganisationen von erklärungsbedürftigen Investitionsgütern sehr
häufig vorkommt.

Die Marktform des Monopols oder Polypols bilden eher die Aus-
nahme. Auf die Marktsituation des Polypols wird hier nicht weiter
eingegangen.

... im Monopolumfeld mit Stagnation oder Wachstum

In dieser Situation befindet sich die Vertriebsorganisation in einer für
sie komfortablen Ausgangslage. Die Anforderungen an die Vertriebsorganisation sind – gemessen an anderen Umfeldern – als gering einzustufen. Ebenfalls ist der Grad der Anstrengung für die Vertriebsorganisation, Vertragsabschlüsse zu generieren, niedrig.

Die Herausforderung für die Vertriebsorganisation besteht in einem
solchen Umfeld vielmehr darin, sich nicht auf den Lorbeeren auszuruhen, auf den Kunden in kontinuierlicher Weise genau und zuverläs-
sig zu wirken, bei Reklamationen und Anfragen der Kundschaft
prompt zu reagieren, Zusagen weiterhin zügig umzusetzen – mit anderen Worten, den Kunden nicht aus dem Blick zu verlieren, ihn nicht zu
vernachlässigen. Die Gefahr der allgemeinen Vernachlässigung ist in
diesem Umfeld hoch, denn letztlich ist doch bekannt, dass der Kunde
nur bei diesem Anbieter kaufen kann.

Eine weitere Herausforderung für das Management besteht darin, darauf zu achten, dass der „Apparat" nicht aufgebläht, und die Organisation dadurch schwerfällig wird. Dies führt zu erhöhten Kosten, die den
Gewinn, der relativ einfach zu generieren ist, wieder schmälern.

Dass dies nicht einfach ist, weil der Leidensdruck fehlt, zeigen zahlreiche Beispiele der jüngsten Vergangenheit (Post, Telekom, Bahn). Aufgrund der jahrzehntelangen Monopolstellung haben diese Organisationen den Kunden aus dem Blickfeld verloren. Kunden waren keine Entscheidungsträger mit der Möglichkeit zwischen Alternativen auszuwählen, sondern abhängig. So wurden sie auch behandelt. Schlechter Service, schleppende Reklamationsbearbeitung, unplausible und nicht marktgerechte Preise waren die Folge. Ganz zu schweigen von der aus heutiger Sicht unprofessionellen Kundenansprache.

Dies gilt natürlich auch für Quasi-Monopol-Unternehmen. Hierbei handelt es sich um Unternehmen, die aufgrund ihrer überragenden Marktposition (mit einem Marktanteil von 80 Prozent und mehr) eine dominierende Marktstellung einnehmen, die der eines Monopolisten gleichkommt. Für ein solches Beispiel steht Microsoft.

… im Monopolumfeld mit sinkendem Marktvolumen

Im Unterschied zum Monopol mit gleich bleibendem Marktvolumen sind die Anforderungen an die Vertriebsorganisation höher. Zwar befindet sich die Vertriebsorganisation immer noch in der Situation allein den Markt bedienen zu können, aber bekanntermaßen müssen Unternehmen wachsen um Gewinn schmälernde Inflationseffekte auszuschalten. Dies bedeutet für die Vertriebsorganisation die Notwendigkeit, Umsätze und/oder Deckungsbeiträge zu steigern. Gleichzeitig sieht sie sich einem sinkenden Marktvolumen gegenübergestellt.

Die wesentlichsten Herausforderungen bestehen darin,

- die bestehende Kundschaft zu binden,
- Interessenten aktiv aufzuspüren und zum Abschluss zu bewegen,
- das Leistungsangebot aufzufrischen (Relaunch),
- gute und sehr gute Vertriebsmitarbeiter zu halten,
- die Kostenstruktur zu untersuchen und stetig zu verbessern,
- gegebenenfalls den geordneten Rückzug zu planen.

Falls der Rückgang des Marktvolumens in erster Linie damit zusammenhängt, dass die angebotene Leistung durch Innovationen und neue Lösungen ersetzt wird, ist mittelfristig keine Perspektive mehr vorhanden.

Dies ist für die Vertriebsmitarbeiter frustrierend und bedrückend. Letztlich kann in einer solchen Situation der Fortbestand des Unternehmens gefährdet sein. Die größte Herausforderung für die Unternehmensleitung besteht darin, die gesamte Unternehmenskonzeption zu überdenken und gegebenenfalls neu auszurichten. Ist der Zweck des Unternehmens noch stimmig? Braucht der Markt zukünftig die Leistung in der angebotenen Form überhaupt noch? Ist das Unternehmen in der Lage, neue strategische Erfolgspositionen auszumachen und aufzubauen?

... im Oligopolumfeld mit Preisstabilität und Wachstum

Im Oligopol mit Preisstabilität sind die Anforderungen an die Vertriebsorganisation als normal einzustufen. Dies gilt ebenfalls für den Grad der Anstrengungen, Abschlüsse zu generieren. Im Unterschied zum Monopol sieht sich die Vertriebsmannschaft einer überschaubaren Anzahl von Mitanbietern gegenübergestellt.

In dieser Situation kommt es darauf an, den bestehenden Kundenstamm zu pflegen und auszubauen, neue Kunden durch die angebotene Leistung (also nicht nur über den Preis allein) zu überzeugen und zu gewinnen.

Die „starren" Preise garantieren den Anbietern ausreichend Liquidität, um in Marketinganstrengungen, Neuproduktentwicklungen, Verbesserung der Prozesse (die Schnittstellen zum Kunden bilden), Training und Ausbildung sowie in Maßnahmen der Kundenzufriedenheit bis hin zu Wertschätzungsprogrammen (oder Ähnliches) zu investieren.

Gelingt es den Anbietern zusätzlich, die Organisation schlank zu halten und durch moderne Strukturen die Kostensituation im grünen Bereich zu halten, sind langfristige Gewinne möglich und die Rücklagenbildung kann das Eigenkapital des Unternehmens in ausreichendem Maße erhöhen.

Ein rückläufiges Marktvolumen (schrumpfende Zielmärkte) steigert die Marktdynamik und stellt in dieser Situation eine Gefahr für die Stabilität des Oligopolverhaltens dar. Aufgrund der Notwendigkeit des Wachstums, stellt sich die Frage, woher beim schrumpfenden Markt die Umsatz- bzw. Deckungsbeitragssteigerung herkommen soll, ohne dem Mitanbieter Kunden und damit Marktanteil abzunehmen.

Auch alle anderen Mitanbieter sehen sich der gleichen Situation ausgesetzt. Diese heikle Marktsituation kann dazu führen, dass über Preissenkungen (die aus den Rücklagen – manche nennen es ihre „Kriegs-kasse" – finanziert werden), das stillschweigende stabile Preisgefüge unsicher wird und der ruinöse Preiskampf ausbricht.

... im Oligopolumfeld mit Preiskampf (ruinöser Wettbewerb)

Nun wenden wir uns dem Marktumfeld zu, das an die Vertriebsorganisation die höchsten Anforderungen stellt. Dies gilt ebenfalls für den Grad der Anstrengung, Abschlüsse zu generieren.

Es stellt sich vorab nochmals die Frage, warum Anbieter versuchen, mittels Preisabsenkungen (Preiskampf) Marktanteile hinzu- oder zu-rückzugewinnen. Neben dem Preis als Aktionsmittel des Marketing-Mix gibt es noch eine Reihe anderer Aktionsmittel, mit denen auf dem Zielmarkt Einfluss genommen werden kann.

Diese absatzpolitischen Instrumente sind

▶ **Produkt-Politik**
Sie umfasst die Gestaltung des Leistungsangebotes eines Unternehmens (Waren und Dienstleistungen sowie Zusatzleistungen wie z. B. Beratung).

▶ **Preis- und Konditionen-Politik**
Festlegung von Verkaufspreisen und Vertragskonditionen. Bestimmung der Preisklassen usw.

▶ **Kommunikations-Politik**
Sie umfasst die Gestaltung von Werbung, Public-Relations, Verkaufsförderung und -unterstützung sowie die Vertriebsform.

▶ **Distributions-Politik**
Sie organisiert den Warenfluss zum Kunden. Ziel ist, die richtige Ware in richtiger Menge in einwandfreiem Zustand zur gewünschten Zeit an den richtigen Ort zu bringen.

▶ **Service-Politik**
Umfasst die Bereiche: Technischer und kaufmännischer Kundendienst. Bei vielen Investitionsgüterleistungen ist der technische Kundendienst genauso wichtig für den Kunden wie das Produkt selbst.

Dennoch ist es so, dass die Preisabsenkung sehr häufig als Maßnahme gewählt wird, obwohl bekannt ist, dass es schwierig bis unmöglich ist, einmal abgesenkte Preise zu einem späteren Zeitpunkt wieder anzuheben, mittelfristig der ruinöse Preiskampf also keinem der Beteiligten nützt.

Gründe, die dazu führen, mittels Absenkung der Angebotspreise Marktanteile zu halten oder zu steigern, liegen vor allem darin, dass

- die Preisabsenkung eine schnelle und kurzfristig durchführbare Maßnahme darstellt,

- diese Maßnahme sehr effektiv ist, da sie sofort wirkt und die gewünschten Ergebnisse (Erhöhung des Absatzes) erbringt,

- sie der kurzfristigen Ergebnisbetrachtung von Unternehmen (Quartals-, Halbjahres- und Jahresabschlüsse) entgegenkommt. Besonders amerikanische Unternehmen betrachten den Quartals- und Halbjahresabschluss ebenso genau wie den Jahresabschluss und die mittelfristige Entwicklung (US-Börsengesetz, Shareholder-Value-Prinzip),

- nur kurzfristige Ziel- und Planerreichung dem Management politisch die notwendige „Luft" verschafft, Marketing-Maßnahmen durchzuführen, die erst mittelfristig Ergebnisse bringen.

Für die Vertriebsorganisation, die im Marktumfeld des Preiskampfes operieren muss, sind die Anforderungen besonders hoch, denn

▶ **der Mitanbieter ist in seinem Verhalten nur noch schwer einschätzbar**
Die Einschätzung des Mitbewerbers hinsichtlich seiner Vorgehensweise (aggressiv, beratungsorientiert oder oberflächig) und seiner Preisgestaltung ist normalerweise möglich und auch sehr wichtig, um sich selbst darauf einstellen zu können und die eigene Vorgehensweise daran auszurichten. Im Preiskampf werden die Marktteilnehmer unberechenbarer (vor allem bei der Vorgehensweise und Preisgestaltung), der Vertriebsmitarbeiter kann sich nur noch schwer darauf einstellen. Reagieren tritt an die Stelle von Agieren.

▶ **der Preiskampf wird auch vom Kunden wahrgenommen und durch sein Verhalten gefördert**
Der Kunde sieht im Preiskampf seine Chance, um für sich zusätzliche wirtschaftliche Vorteile zu verschaffen. Da die Preisgestaltung

teilweise unberechenbar und nicht mehr einschätzbar ist, hat der Kunde die Möglichkeit, dem Verkäufer mit niedrigen und „selbst ausgedachten" Preisen zu konfrontieren, ohne selbst Gefahr laufen zu müssen, entdeckt zu werden. Der Verkäufer glaubt an diese Preisansage des Kunden, denn es könnte ja sein, dass der Mitbewerber wieder eine neue Runde der Preissenkung eingeläutet hat.

▷ **die Preistransparenz steigt**
Durch immer neue Preisansagen und -attacken wird die Transparenz des Preises für die Anbieter und Kunden erhöht.

▷ **die Leistung verschwindet aus dem Blickfeld, der Preis dominiert die Verhandlungen**
Im Preiskampf befindet sich der Kunde in einer komfortablen Ausgangssituation. Da die Anbieter versuchen, sich gegenseitig über den Preiskampf auszuschalten, braucht der Kunde nur zu warten. Die Vertriebsbeauftragten werden sich von selbst melden, nach dem Fortgang des Einkaufsprozesses fragen und mit dem Preis argumentieren, falls eine Auftragsabsage droht (dies ist häufig ein „Verhandlungsstil" des Einkaufs). Der Preis scheint das einzige Argument zu sein.

▷ **die Notwendigkeit, sinkende Margen durch Kostenmanagement zu kompensieren, führt zu zusätzlichen Belastungen der Vertriebsorganisation**
Preisreduzierungen (vor allem heftige) führen zu sinkenden Margen (Verkaufspreis abzüglich Wareneinsatz), die das Gewinnziel gefährden. Eine Möglichkeit, diesen Effekt zu kompensieren, ist das Kostenmanagement mit dem Ziel der Kostenreduzierung um die Höhe des durch die Preisreduzierung entstandenen Margenverlustes.

Das Kostenmanagement an sich ist (sollte) ein dauerhafter Bestandteil des Managementprozesses (sein). Hartes Kostenmanagement im Preiskampf bedeutet allerdings auch, Kostenbereiche antasten zu müssen, die die Leistungsfähigkeit des Anbieters beeinträchtigen können. Ein Aktionsmittel des Kostenmanagements bildet die Umstrukturierung von Bereichen mit dem Ziel, Mitarbeiter freizusetzen, um Gehaltskosten (die einen erheblichen Anteil an den Gesamtkosten haben) zu reduzieren. Die Freisetzung von Mitarbeitern bringt immer Unruhe in ein Unternehmen: Die Prozesse geraten ins

Stocken, die Leistungsfähigkeit sinkt ab, wenn die verbleibende Personalkapazität nicht mehr ausreicht, um die Qualität der Leistung sicherzustellen (die anfallenden Aufgaben nicht fristgerecht mit der notwendigen Genauigkeit ausgeführt werden können). Die nun überlasteten Mitarbeiter kündigen ihrerseits. Die Spirale setzt sich fort.

Durch die Verschlechterung der Leistung des Anbieters sind unzufriedene Kunden die Folge. Es muss zunehmend mehr verkaufsaktive Zeit für die Bearbeitung von Reklamationen bzw. für Rechtfertigungen aufgewendet werden. Das beeinträchtigt die Produktivität der Vertriebsmannschaft in empfindlicher Weise.

▶ **die Marktdynamik steigt stetig an**
Dieser Umstand führt dazu, dass sich der Vertrieb immer wieder neuen Herausforderungen stellen muss. Dies erfordert ein hohes Maß an Anpassungsfähigkeit und persönlicher Flexibilität der betroffenen Vertriebsmitarbeiter. Häufige Änderungen der Verkaufstaktik sind die Folge. Auftragsabsagen seitens des Kunden mit bislang noch nicht bekannten Begründungen häufen sich. Ein Grund könnte z. B. in der Änderung der Verkaufstaktik der Mitbewerber liegen.

▶ **die Attraktivität der Branche sinkt generell**
Ein Unternehmen, das sich seit längerem im Preiskampf befindet, hartes Kostenmanagement betreiben muss, wird für Berufseinsteiger zunehmend unattraktiver. Es wird schwierig den Bewerbern Perspektiven hinsichtlich Wachstum und Karriereentwicklungen nahe zu bringen, wenn bereits die nächste Umstrukturierung ansteht. Die berufliche Entwicklungsperspektive jedoch gehört für den Berufseinsteiger zu den wichtigsten Entscheidungskriterien für die Unternehmenswahl. Es wird somit für das Unternehmen schwieriger ausreichend Nachwuchs zu rekrutieren bzw. aufgrund der niedrigen Anzahl von Bewerbungen genügend Auswahlmöglichkeiten zu haben.

▶ **durch ständige Veränderungen und immer wieder neue „Hiobs-Botschaften" aus dem Markt wird die psychische Belastung der Vertriebsmannschaft erhöht**
Ständige Veränderungen und neue „Hiobs-Botschaften" gepaart mit neuen Gerüchten führen zu einer hohen psychischen Belastung für die Mitarbeiter. Sie fragen sich ständig, ob sie im richtigen Unter-

nehmen arbeiten, vor allem wie sicher der Arbeitsplatz ist, wie hoch die Berufschancen sind, wenn sie sich um eine neue Stelle bemühen (müssen). Persönliche wirtschaftliche Belastungen, wie die als Alleinverdiener eine Familie ernähren zu müssen, Zinsen und Tilgung für das Eigenheim bestreiten zu müssen, erhöhen den psychischen Druck zusätzlich. Darunter leidet die Motivation und die Stimmung der betroffenen Mitarbeiter.

▶ **der Kunde dominiert Verhandlungen (Käufermarkt) und stellt immer höhere Forderungen**
Im Preiskampf, bei dem aus Kundensicht „alles zu gehen" scheint, neigen manche Kunden dazu, dreist zu werden und der Situation unangemessene, betriebswirtschaftlich nicht mehr darzustellende Forderungen zu stellen. Der Vertriebsmitarbeiter gerät dabei in eine schwierige Verhandlungssituation: einerseits möchte er das Geschäft mit dem Kunden, andererseits wird ihm klar, dass es besser wäre sich nicht weiter um den Kunden zu bemühen.

▶ **Preis- und Provisionssysteme müssen ständig der veränderten Situation angepasst werden**
Die Nichtvorhersagbarkeit des Marktverhaltens führt dazu, dass eingeführte Preis- und Provisionssysteme ständig (vor allem im laufenden Geschäftsjahr) verändert und angepasst werden müssen. Der administrative Aufwand muss erheblich gesteigert werden (Personalkapazität), um diese Änderungen umsetzen zu können. Die Systeme müssen neu angepasst werden. All dies kostet Zeit, Kraft und Nerven und verursacht zusätzliche Kosten.

▶ **die „gute alte Zeit" kommt nicht mehr zurück**
Für den Vertrieb, der sich in dieser Marktsituation befindet, ist es sehr wahrscheinlich, dass die „gute alte Zeit" (in der alles besser, vor allem einfacher war) nicht mehr zurückkehren wird. „... der Markt wird zunehmend härter ..." wird häufig gesagt. Eigentlich müsste es heißen: „... der Markt bleibt schwierig zu bearbeiten und wird nicht mehr einfacher ...".

Diese sehr herausfordernde und zum Teil belastende Marktsituation bringt jedoch auch nutzbringende Effekte für die Vertriebsmitarbeiter mit sich. Die hohe Marktdynamik macht es erforderlich, dass die einzelnen Mitarbeiter der Vertriebsmannschaft, vor allem die Neueinsteiger, sehr schnell lernen müssen, um den hohen und sich ständig ändernden Anforderungen gerecht werden zu können, und um in diesem Umfeld bestehen zu können. Neben den Einarbeitungs- und Schulungsmaßnahmen, die im Feld (im Verkaufsteam) durchgeführt werden, sollten Unternehmen über eine hoch qualifizierte und effiziente Ausbildungs- und Trainingsabteilung verfügen. Im Ergebnis wird die Vertriebsmannschaft schnell fit. Für Berufseinsteiger bildet diese Situation eine gute Basis, schnell und umfassend zu lernen.

Die gesamte Vertriebsorganisation – und somit jeder einzelne Vertriebsmitarbeiter – ist gezwungen, die Anpassungsfähigkeit an sich schnell verändernde Marktbedingungen zu erhöhen. Dies gilt ebenso für die Steigerung der Flexibilität. Damit verbunden ist auch eine positive Weiterentwicklung der eigenen Persönlichkeit. Der ständige Umgang mit Veränderungen verschafft betroffenen Mitarbeitern Souveränität.

In dieser Marktsituation ist es erforderlich, dass man sich immer wieder neue Dinge einfallen lassen muss, um mit den Entwicklungen Schritt halten zu können. Dieser Umstand fördert die Kreativität der Vertriebsmannschaft bezogen auf die Entwicklung neuer Lösungskonzepte für Kunden, kreative Preis- und Konditionengestaltung, Präsentationstechniken, die Gesprächsführung, Vorgehensweisen, das Verkaufs- und Beratungsverhalten. Ebenso werden die Sensibilität und die Aufmerksamkeit gefördert. Dies ist notwendig, um neue Marktveränderungen, „Angriffe" der Mitanbieter frühzeitig erkennen zu können.

Das Marktumfeld des ruinösen Preiskampfes stellt die wahrscheinlich höchsten Anforderungen an die Vertriebsorganisation. Davon sollten Vertriebsmitarbeiter sich aber nicht abschrecken lassen, da auch dieses Umfeld erfolgreich bearbeitet werden kann und sehr positive Effekte für den Vertriebsmitarbeiter mit sich bringt, die hinsichtlich der beruflichen Weiterentwicklung sehr nützlich sein können.

○ Die Anforderungen an eine Vertriebsorganisation leiten sich im erheblichen Maße von der aktuellen Marktsituation und der zukünftig erwarteten Marktentwicklung ab.

○ Die Marktteilnehmerzahl bestimmt die Marktsituation und wird durch die Marktformen Monopol, Oligopol und Polypol beschrieben.

○ Die Marktdynamik bestimmt die Veränderungsgeschwindigkeit in einer Marktsituation.

○ Im Oligopol mit Preiskampf sind die Anforderungen an die Vertriebsorganisation am größten.

○ Unabhängig von der Marktform oder der Marktdynamik bleiben die Prinzipien des Vertriebs gleich.

○ Prüfen Sie im Vorfeld, in welcher Marktform und in welcher Marktdynamik sich von Ihnen ausgewählte Unternehmen befinden.

○ Machen Sie sich die Konsequenzen für die Vertriebsorganisation bewusst und damit die Anforderungen, die auch an Sie gestellt werden.

○ Der Verdrängungsmarkt ist sicher eine harte aber gleichsam „gute Schule", dort ist Ihre persönliche Lernkurve am größten.

○ Unternehmen im harten Wettbewerb verfügen in der Regel über gute Trainings- und Ausbildungspläne.

○ Je schwieriger die Zielmarktbearbeitung ist, desto höher sollten Ihre Erwartungen an das Einkommen sein.

○ Lassen Sie sich von Gerüchten nicht abschrecken, prüfen Sie für sich selbst die Chancen und Risiken.

○ Versuchen Sie, Märkte zu finden, die eine mittel- bis langfristige Perspektive aufweisen.

○ Welchen Ruf hat die Vertriebsorganisation – haben Sie Möglichkeiten, etwas darüber zu erfahren? Kennen Sie Personen, die bereits in dieser Branche arbeiten?

Der Verkaufszyklus

Der Verkaufszyklus ist das Herzstück des Verkaufsprozesses. Er kann als Zeitraum von der ersten Kontaktaufnahme bis zur Beendigung einer Kunden- bzw. Interessentenbeziehung definiert werden.

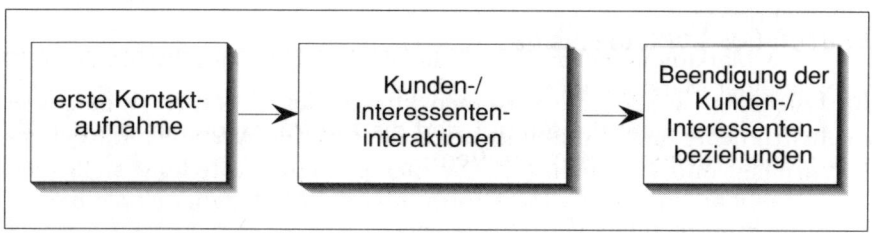

Abbildung 4: Das Grundschema des Verkaufszyklus

Das Managen eines Verkaufszyklus bedeutet für den Vertriebsmitarbeiter, innerhalb dieses Zeitraums zum richtigen Zeitpunkt wirkungsvolle Maßnahmen und Tätigkeiten durchzuführen mit dem Ziel die gewünschten Verkaufserfolge herbeizuführen. Je nach Leistungsangebot des Anbieters sowie der aktuellen Marktsituation kann das Führen eines Verkaufszyklus eine äußerst komplizierte und schwierige Angelegenheit darstellen. Bei Verkaufszyklen von erklärungsbedürftigen Investitionsgütern ist grundsätzlich von einer hohen Komplexität auszugehen.

Für Berufseinsteiger ist es empfehlenswert, den Verkaufszyklus in die einzelnen Phasen aufzugliedern und gezielt die erforderlichen Tätigkeiten und Maßnahmen je Phase zu ermitteln und zu trainieren, um der Gefahr der Überforderung und/oder Verzettelung entgegenzuwirken.

Das Handwerkszeug für Anfänger zu vermitteln, ist eine der Hauptaufgaben der Ausbildungsabteilung (Training) und der Vertriebsführungskraft (Coaching). Viele Unternehmen bieten Anfängern so genannte Basistrainings an, um die Grundlagen der notwendigen Vertriebsfertigkeiten im Verkaufszyklus zu vermitteln.

Anschließend dienen weiter gehende Trainings- und Coachingmaßnahmen (fallweise in der Trainingsabteilung und im Verkaufsteam) der Vertiefung und Weiterentwicklung der vertrieblichen Fertigkeiten. Die

Durchsicht von Kundenmappen bietet eine gute Möglichkeit, von sich aus einen Einstieg in den Verkaufszyklus zu erhalten.

Schriftwechsel, Notizen, Angebote, Vertragsunterlagen vermitteln einen guten Eindruck über die zeitliche Länge konkreter Verkaufszyklen sowie einzelner Phasen und geben Aufschluss über die einzelnen Aktionen.

Phasen des Verkaufszyklus

Im Folgenden werden die einzelnen Phasen des Verkaufszyklus sowie die Instrumente und Handlungsmöglichkeiten des Vertriebsmitarbeiters beschrieben und kommentiert. Die hier gezeigte Aufteilung stellt eine

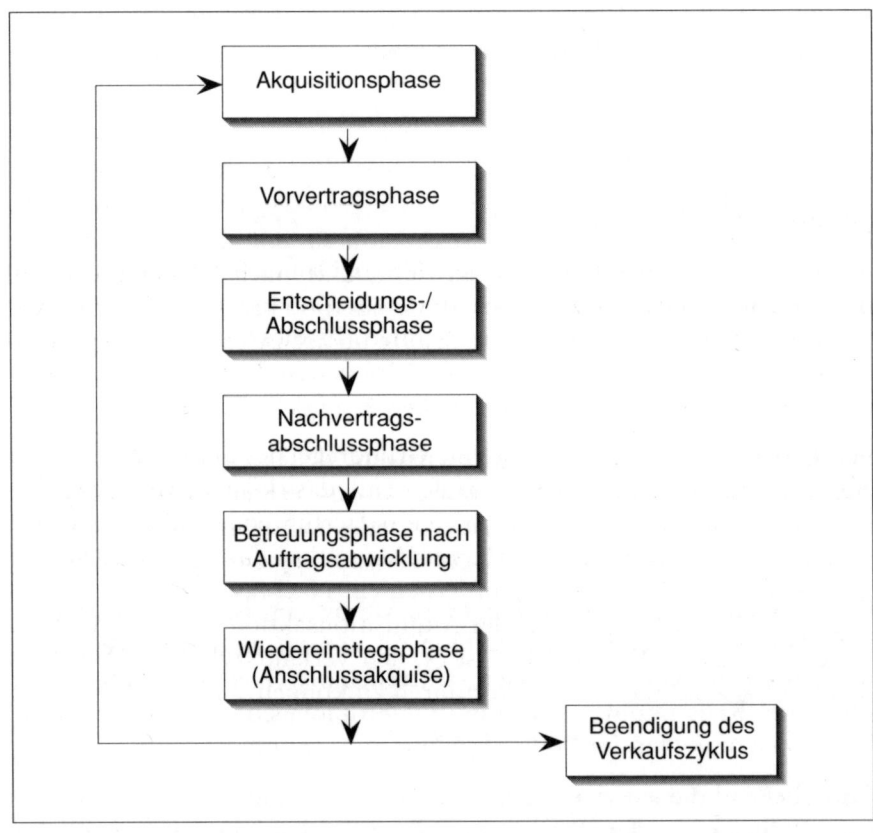

Abbildung 5: Die Phasen des Verkaufszyklus

von vielen Möglichkeiten dar. Nach meiner Einschätzung ist diese leicht verständlich und praxisgerecht. Sie entspricht der zeitlichen Abfolge eines exemplarischen Verkaufszyklus.

Anhand dieser Aufteilung lassen sich schwerpunktmäßige Tätigkeiten bzw. Maßnahmen je Phase gezielt beschreiben. Die Grenzen zwischen den einzelnen Phasen sind fließend, da in der praktischen Führung eines Verkaufszyklus sich durch neu eintretende Ereignisse Ablauffolgen ändern können. Darüber hinaus können sie sich je nach Abstraktionsgrad überlappen. So gehört im weitesten Sinn die Akquisitionsphase zur Vorvertragsphase und die Phase des Wiedereinstiegs ist gleichzeitig Akquisitionsphase.

Auf die formal exakte Trennung kommt es jedoch in diesem Zusammenhang nicht an, denn das Ziel, Tätigkeitsschwerpunkte zu erkennen und herauszuarbeiten, sowie zu verstehen, dass ein Verkaufszyklus aus verschiedenen Phasen besteht, wird durch diese Form der Aufteilung erleichtert.

Akquisitions- oder Einstiegsphase

In der Akquisitionsphase stellt der Vertriebsmitarbeiter Kontakt zum Kunden bzw. Interessenten her, mit dem Ziel einen in der Zukunft liegenden Vertragsabschluss anzubahnen. In dieser Phase stehen dem Vertriebsmitarbeiter eine Reihe von Aktionsmitteln zur Verfügung, die in Abbildung 6 verdeutlicht werden.

Mit dem „nächsten Schritt" ist eine Grundregel des aktiven Verkaufens gemeint, die besagt, dass auch für den Fall, dass keine Terminvereinbarung zu Stande kommt, dennoch eine weiterführende Aktion (z. B. der erneute Anruf zu einem späteren Zeitpunkt, das Übersenden von Informationsmaterial mit dem erneuten Nachfassanruf) vereinbart werden sollte (= Minimalziel der Akquisitionsaktion). Hintergrund des Erreichens dieses Minimalziels ist es, den Verkaufszyklus – wenn auch auf niedrigstem Niveau – weiterführen zu können.

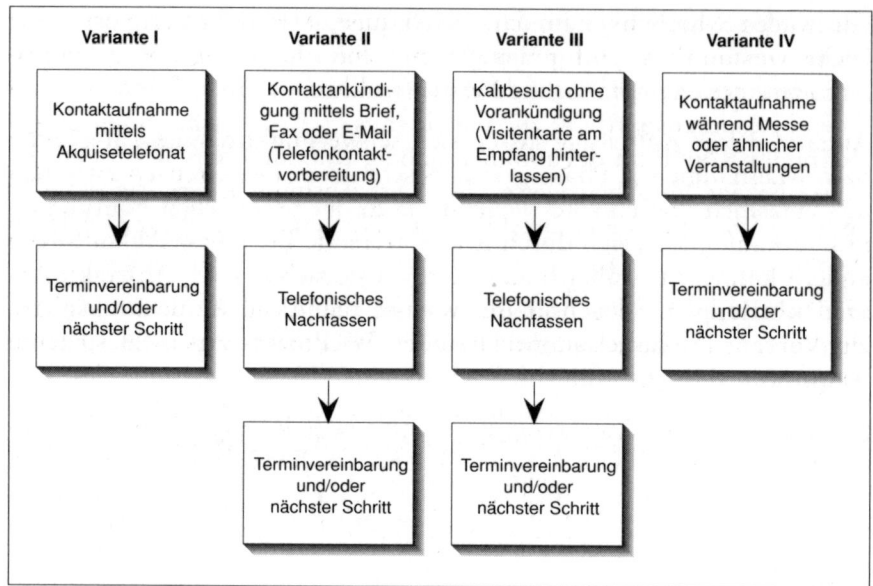

Abbildung 6: Die Aktionsmittel zur Herstellung des Kunden-/Interessentenkontakts

Für den Vertriebsmitarbeiter ergeben sich in der Akquisitionsphase folgende Tätigkeiten, die seine Aktionsmittel darstellen:

- Zielmarkt vorstrukturieren
- Adressmaterial aufbereiten
- Akquisetelefonate durchführen
- Kaltbesuche durchführen
- Mailings erstellen und versenden
- Messe/Hausausstellung vorbereiten

Die Kunden- bzw. Auftragsakquise stellt eine der anspruchsvollsten Tätigkeiten für den Vertriebsmitarbeiter dar. Es erfordert Mut und Überwindung, persönlich nicht bekannte Personen anzurufen oder ohne Vorankündigung aufzusuchen. Während eines Telefonats kann der Vertriebsmitarbeiter die körpersprachlichen Signale des Gesprächspartners nicht wahrnehmen. Für ihn besteht das Risiko anlässlich eines Kaltbesuchs oder eines Telefonats, den gewünschten Gesprächspartner unvorbereitet anzutreffen und ihn zu stören. Damit verbunden ist das

Risiko des Scheiterns, nämlich das Akquiseziel nicht zu erreichen. Bei Nichterreichung ist es für den Vertriebsmitarbeiter schwierig herauszufinden, welches die Gründe dafür sind. Zum einen könnte er auf einen Gesprächspartner zu einem aus seiner Sicht ungünstigen Zeitpunkt Kontakt aufgenommen haben, zum anderen kann es an der persönlichen Vorgehensweise des Vertriebsmitarbeiters selbst (Gesprächsverhalten, Beziehungsfähigkeit, Nutzenargumentation) gelegen haben.

Die Schwierigkeit der Analyse, warum die Akquise nicht über den Erstkontakt hinausgekommen ist oder der Prozess zu einem späteren Zeitpunkt abbricht, führt häufig zu einer Verunsicherung des Vertriebsmitarbeiters. Es ist ein menschlicher Reflex, die Schuld für das Scheitern oftmals bei sich selbst zu suchen. Aus diesem Grund kommt der Vorbereitung und Begleitung der Akquisition durch die Trainingsabteilung, der Führungskraft oder dem zugeordneten Mentor, eine sehr hohe Bedeutung zu, in besonderem Maße bei der Einarbeitung von Vertriebs-Junioren.

Vorvertragsphase

Nach der erfolgten Kontaktaufnahme während der Akquisitionsphase treten Vertriebsmitarbeiter und Kunde in die Vorvertragsphase, sofern in absehbarer Zeit eine Entscheidung durch den Kunden gefällt wird, da eine Beschaffung oder eine Veränderung des bestehenden Vertrages ansteht.

Folgendes Schema zeigt die Abfolge und die Aktionsmittel des Vertriebsmitarbeiters während der Vorvertragsphase.

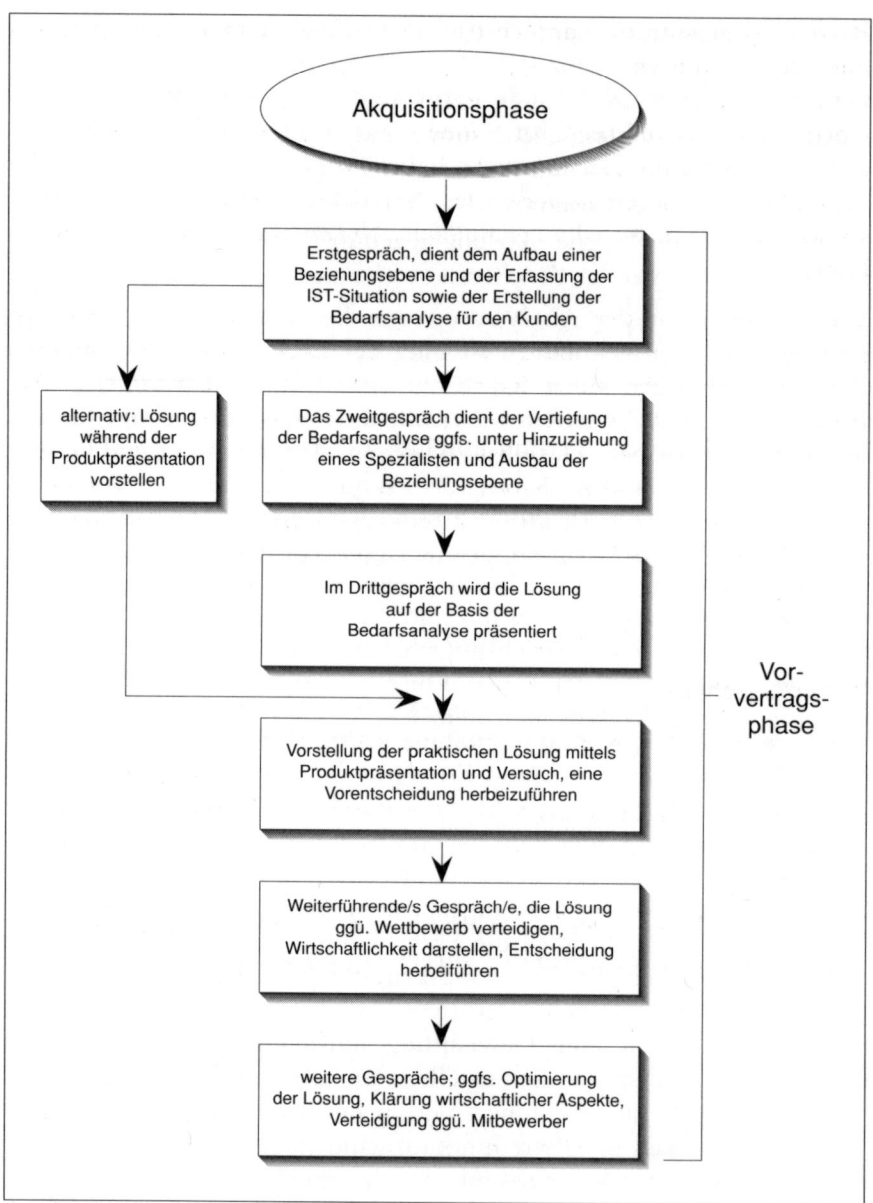

Prinzipien des Vertriebs im Gesamtzusammenhang

Zu den Aktionsmitteln der Vertriebsmitarbeiter während der Vorvertragsphase gehören:

- Aufbau der Beziehungsebene zum Kunden,
- Analyse des Kunden- und Bedarfsumfeldes,
- Präsentation einer Lösung,
- Verteidigung der eigenen Lösung gegenüber dem Mitbewerber,
- Abstecken der wirtschaftlichen (kaufmännischen) Aspekte.

Im Falle der Neukundengewinnung kann der Kunde nicht auf tatsächliche Erfahrungen mit dem Lieferanten zurückgreifen. Er muss mehr oder weniger dem Gesagten vertrauen und annehmen, dass sich die Leistung im Falle des Vertragsabschlusses auch so einstellt. Für den Vertriebsmitarbeiter bedeutet dies, dass er mit äußerster Professionalität seine Aktionsmittel vorbereiten und einsetzen muss. In dieser Phase beurteilt der Kunde in erster Linie die Vorgehensweise des Vertriebsmitarbeiters. Geht der Vertriebsmitarbeiter seriös und professionell vor, kann der Kunde Vertrauen in ihn und die Leistung des Unternehmens fassen. Er glaubt dem Vertriebsmitarbeiter. Fehlerhafte oder ungenaue Aktionen sind vertrauenshemmend und können das frühzeitige „Aus" für diesen Verkaufszyklus bedeuten.

Entscheidungs- oder Abschlussphase

Aus der vorvertraglichen Phase bildet sich im weiteren Prozess des Verkaufszyklus die Entscheidungsphase heraus. In dieser Phase bereitet der Kunde (Entscheider) die Entscheidung konkret vor, indem er versucht, einheitliche Entscheidungskriterien, die eine Vergleichbarkeit der Entscheidungsmöglichkeiten (Mitbewerberangebote) zulassen, zu finden. Er versucht eine Gewichtung hinsichtlich technischer und kaufmännischer Aspekte herzustellen, um abwägen zu können und Sicherheit für die Entscheidung zu erlangen. Kurz vor der endgültigen Entscheidung muss der Betreuungsaufwand (Steigerung der Kontaktfrequenz) durch den Vertriebsmitarbeiter erheblich gesteigert werden, da die Unsicherheit des Kunden hinsichtlich der Richtigkeit seiner Entscheidung ansteigt. Die Überprüfung der Richtigkeit einer Entscheidung erfolgt häufig durch ein Infragestellen der Richtigkeit durch den Kunden.

So sucht er z. B., nachdem er eine Vorentscheidung als die richtige annimmt, nach Negativ-Punkten, die gegen seine Vorentscheidung sprechen. Zu diesem Zeitpunkt können auch vermeintlich bedeutungslose Aspekte bedeutsam werden. Der Mitbewerber, dem eine Absage droht, wird diese Aspekte noch verstärken und den Kunden hinsichtlich seiner Vorentscheidung verunsichernd beeinflussen.

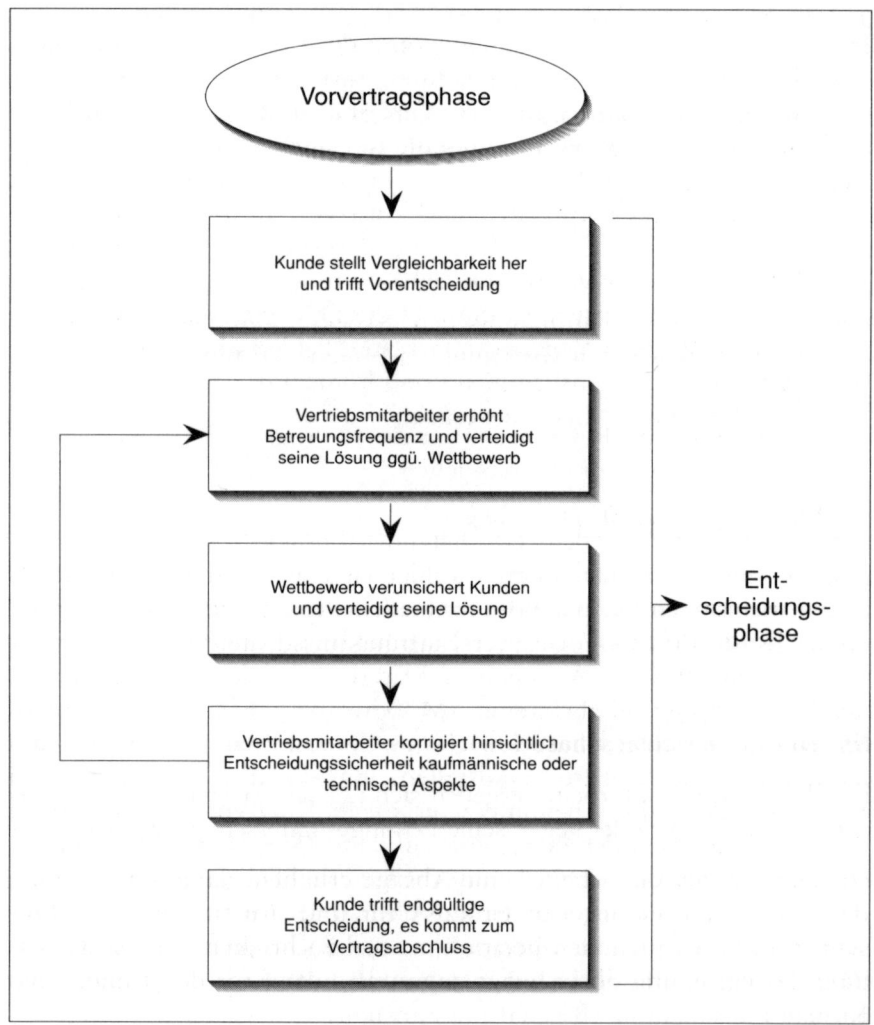

Prinzipien des Vertriebs im Gesamtzusammenhang

Die deutliche Erhöhung des Kundenkontakts in dieser Phase ermöglicht dem Vertriebsmitarbeiter herauszufinden, wie der Kunde zu seiner Vorentscheidung steht, welche Negativ-Aspekte für ihn zu diesem Zeitpunkt bedeutsam sind. Nur so erhält er die Möglichkeit, eventuelle Einwände zu entkräften und die Argumente, die für seine Lösung sprechen, zu verstärken.

Die Entscheidungsphase wird auch als die „heiße Phase" des Verkaufszyklus bezeichnet. In dieser Phase steigt die Anspannung sowohl auf der Vertriebs- als auch auf der Kundenseite. Letztlich kommt es jetzt darauf an, alle Möglichkeiten auszuschöpfen, um den Auftrag zu erhalten.

Dazu gehören die

- erhöhte Kontaktaufnahme zu Entscheider und Mitentscheidern (neue Anlässe der Kontaktaufnahme suchen),
- Miteinbeziehung der Verkaufs- oder Geschäftsleitung (Wichtigkeit des Kunden signalisieren),
- Optimierung der technischen Lösung,
- Optimierung der kaufmännischen Aspekte, um dem Sicherheitsbedürfnis des Kunden Rechnung zu tragen und um die beste Wirtschaftlichkeit herzustellen,
- Übermittlung von Referenzen, um die Richtigkeit der Entscheidung (Vorentscheidung) zu unterstreichen.

Achtung: Bei einer Kundenwertschätzungsaktion kurz vor der Entscheidung ist jedoch Vorsicht geboten. Kleine Geschenke oder die Einladung zum gemeinsamen Essen sollten vermieden werden, wenn nicht klar ist, ob der Kunde dies als Vorteilsverschaffung missdeuten könnte.

Nachvertragsabschlussphase

Für den Vertriebsmitarbeiter ergeben sich je nach Ausgang der Kundenentscheidung – für oder gegen seine Lösung – unterschiedliche Schritte.

Hat der Vertriebsmitarbeiter eine Absage erhalten, dann gilt es, einen Betreuungsplan aufzustellen (trotz Ärger und Frust), um sich schon jetzt wieder beim Kunden positiv ins Spiel zu bringen. Die Ausgestaltung des Betreuungsplans hängt davon ab, wann für den Kunden die nächste Entscheidung (Beschaffung) ansteht.

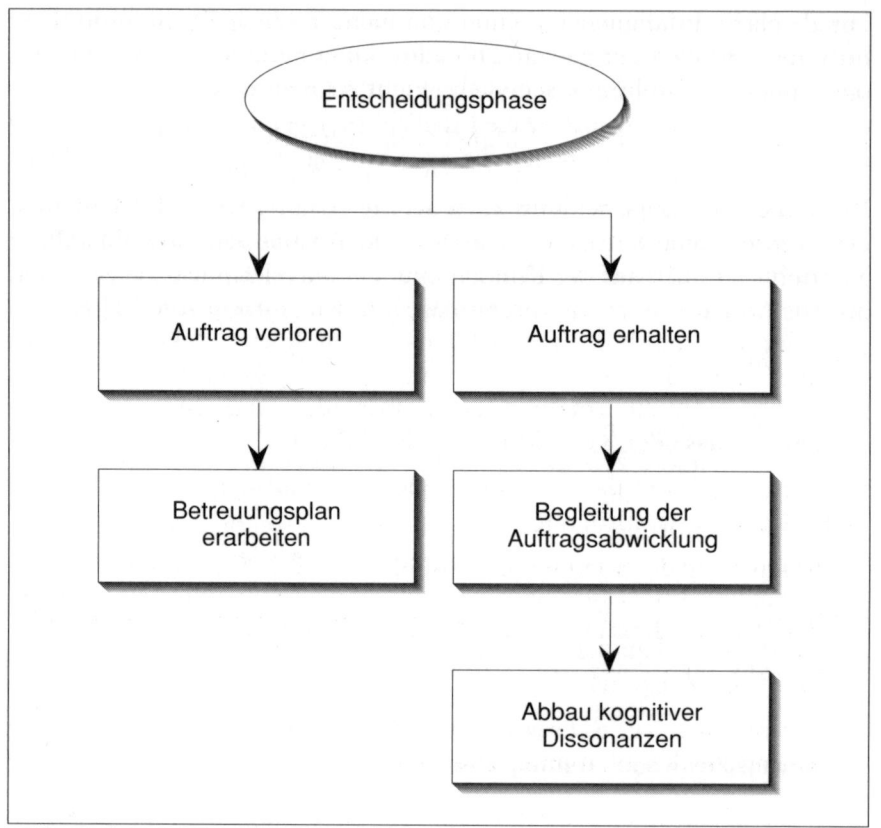

Hat der Vertriebsmitarbeiter den Auftrag erhalten (Herzlichen Glück-
wunsch!), gilt es nun, den Prozess der Auftragsabwicklung zu begleiten,
und vor allem gerade jetzt den Kunden nicht zu vernachlässigen. Den
so genannten „kognitiven Dissonanzen", die beim Kunden entstehen,
muss entgegengewirkt werden. Unter kognitiven Dissonanzen versteht
man die kurz nach der Entscheidung auftretenden Zweifel. Der Kunde
fragt sich, ob er auch alles richtig gemacht hat, ob die Lösung tatsächlich die für ihn Beste ist. Schließlich hat er eine Entscheidung getroffen,
die zukünftige Auswirkungen mit sich bringen wird.

Dieses Gefühl der Unsicherheit, das Infragestellen kennen die meisten
Menschen, nachdem sie eine wichtige und bedeutsame Entscheidung
getroffen haben (z. B. beim Kauf eines Pkws oder einer Eigentumswoh-

nung). Nach anfänglicher Freude kommen plötzlich Zweifel, ob diese Entscheidung die richtige war. Das Auto fängt plötzlich an zu klappern, die Wände der Wohnung scheinen feucht zu sein …

In der Anbieter-Kunden-Beziehung hat der Vertriebsmitarbeiter die Möglichkeit dem Kunden hilfreich zur Seite zu stehen und immer wieder die Richtigkeit der Entscheidung zu unterstreichen. Verpasst oder erkennt der Vertriebsmitarbeiter diese Aufgabe nicht, kann die Beziehungsebene empfindlich geschädigt werden. Der Kunde fühlt sich allein gelassen und im Ausspruch „… Na ja, vor dem Vertrag waren sie fast jeden Tag da, und jetzt sieht und hört man nichts mehr von ihnen …" kommen Frust und die empfundene Minderwertschätzung zum Ausdruck.

Der Vertriebsmitarbeiter sollte also den „kognitiven Dissonanzen" *aktiv* begegnen. Er kann z. B. dem Kunden schriftlich für die Auftragserteilung danken und ihn telefonisch über den Fortgang der Auftragsabwicklung informieren. Nach Auslieferung vereinbart der Vertriebsmitarbeiter einen persönlichen Kundenbesuch oder organisiert ein gemeinsames Mittagessen. Wie auch immer die Maßnahmen ausgestaltet werden, letztlich kommt es darauf an, dem Kunden ein Gefühl des Vertrauens und der „Nähe" zu vermitteln.

Betreuungsphase nach Auftragsabwicklung

Kern dieser Phase bildet der Betreuungsplan. Aufgrund der Tatsache, dass das Geschäft abgewickelt ist und auf Sicht erst einmal kein Folgegeschäft mehr angebahnt werden kann, entsteht für den Vertriebsmit-

arbeiter die Gefahr, den Kunden aus dem Blickfeld zu verlieren. Dass dies ein Fehler wäre, ist selbsterklärend. Ein strukturierter Betreuungsplan hilft, diesen Fehler zu vermeiden.

Ein professionell entwickelter Betreuungsplan bildet für den Vertriebsmitarbeiter auch gleichzeitig eine Möglichkeit, sich positiv vom Mitbewerb zu differenzieren. Er kann die Grundlage für eine Erfolgsstrategie (siehe auch Abschnitt „Differenzierung im Beziehungsmanagement" ab Seite 154) bilden.

Prinzipiell geht es bei der Entwicklung eines Betreuungsplans darum, Zeitpunkte für weitere Kundenkontakte zu planen, und diese entweder im Wiedervorlagesystem des CAS- oder Karteikartensystems festzuhalten und zu gegebenen Zeitpunkt auch einzuhalten.

In regelmäßigen Abständen sollte der Vertriebsmitarbeiter einen Kundenbesuch wahrnehmen, um sich nach der Zufriedenheit mit der Leistung zu erkundigen. Messen oder Hausausstellungen bilden ebenfalls günstige Gelegenheiten für einen erneuten Kundenkontakt. Im Rahmen dieser Veranstaltungen kann der Vertriebsmitarbeiter den Kunden bereits frühzeitig über Neuerungen informieren oder ihm die Richtigkeit seiner zuvor getroffenen Entscheidung nochmals bestätigen.

Wiedereinstiegsphase (Anschlussakquisition)

Ein weiterer wichtiger Nutzen des Betreuungsplans ist die Vorbereitung des Wiedereinstiegs in neue oder Anschlussverhandlungen. Diese Phase des Wiedereinstieg kann auch als Anschlussakquisitionsphase bezeichnet

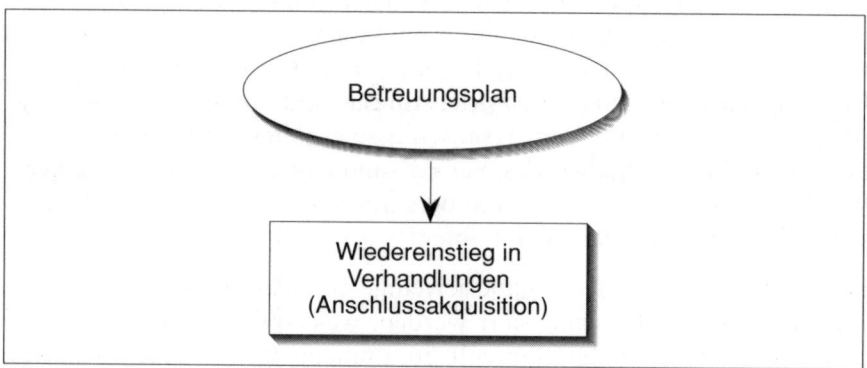

werden. Hier schließt sich sozusagen der Kreis, der nächste „Zyklus" beginnt wieder mit der Akquisephase; dieses Mal jedoch auf der Basis einer bereits bestehenden Kundenbeziehung mit einigen Vorteilen: man kennt sich, die Entscheidungsstrukturen sind bekannt. Dennoch muss der Vertriebsmitarbeiter alle folgenden Phasen mit der gleichen Sorgfalt und Professionalität durchführen wie bei der Neukundenakquise.

Die strukturierte Betreuung nach der Auftragsabwicklung, das regelmäßige Aufsuchen des Kunden ist für den Vertriebsmitarbeiter in zweierlei Hinsicht bedeutsam:

- Der Vertriebsmitarbeiter wird ständig über das Geschehen beim Kunden informiert und kann bei Veränderungen sofort reagieren (z. B. beim Wechsel der Ansprechpartner, beim Auftreten von unvorhergesehenen Problemen).

- Er kann frühzeitig erkennen, wann sich der Einstieg in neue Verhandlungen lohnt, z. B. auch dann, wenn vorher nicht erkennbare Veränderungen beim Kunden (Umstrukturierung, Erweiterung, usw.) plötzlich neue Verkaufschancen bieten.

Dadurch erarbeitet sich der Vertriebsmitarbeiter einen Wettbewerbsvorteil und bringt sich selbst in eine gute Ausgangsposition.

Generelle Zielsetzungen im Prozess des Verkaufszyklus

In seiner Gesamtheit besteht der Verkaufszyklus aus einer Vielzahl unterschiedlicher Einzel-Aktions-Bereiche, die allesamt eine Vielfalt an Tätigkeiten und Aktionen für den Vertriebsmitarbeiter mit sich bringen. Jede Aktion oder Maßnahme im Verkaufszyklus erfordert Zeitaufwand sowohl für den Vertriebsmitarbeiter als auch für den Kunden. Um möglichst viele Verkaufszyklen führen und somit möglichst viele Abschlusschancen und Vertragsabschlüsse erhalten zu können, gehört es zu den Hauptaufgaben des Vertriebsmitarbeiters, seine persönliche Produktivität zu steigern oder, anders ausgedrückt, die zur Verfügung stehende Zeit optimal auszuschöpfen.

Bei der Betrachtung des für die jeweilige Branche üblichen Verkaufszyklusprozesses sollte analysiert werden, welche Prozessschritte innerhalb des Verkaufszyklus sinnvoll zusammengefasst werden können.

Dies gilt zum Beispiel für die Vermeidung von nutzlosen Einzelbesuchen, weil zum Beispiel Unterlagen – die auch beim ersten Mal hätten übergeben werden können – nachgereicht werden müssen, oder für die Verbindung von Produktpräsentation und Übergabe des Angebotes zu einem Schritt. Nach gewissen Zeitabständen (veränderte Arbeitsabläufe, Präsentationsformen, etc.) sollten die Prozessschritte immer wieder überprüft werden; dies fördert die Zunahme an persönlicher Produktivität.

Zusammenfassend können zwei generelle Zielsetzungen im Prozess des Verkaufszyklus mit Blick auf die Produktivitätssteigerung herausgearbeitet werden:

- Vermeidung von nutzlosen Doppel- oder Nachbearbeitungsschritten, und
- sinnvolles Zusammenfassen von Prozessschritten.

KURZCHECK

○ Ein Verkaufszyklus besteht immer aus mehreren Phasen.

○ Bei erklärungsbedürftigen Investitionsgütern ist generell von einer hohen Komplexität im Verkaufszyklus auszugehen.

○ Die Aufgabe der Trainingsabteilung oder des Coaches besteht darin, die einzelnen Phasen des Verkaufszyklus gezielt zu trainieren und den Vertriebs-Junior zu unterstützen.

○ Prüfen Sie, wie der Verkaufszyklus in Ihrem Markt- bzw. Unternehmensumfeld üblicherweise durchgeführt wird.

○ Gliedern Sie den Verkaufszyklus in sinnvolle Phasen.

○ Versuchen Sie Doppel- oder nutzlose Nachbearbeitungsschritte zu vermeiden.

○ Versuchen Sie – dort wo es geht – Prozessschritte zusammenzufassen.

Prinzipien des Vertriebs im Gesamtzusammenhang

Führung und Steuerung des Vertriebsprozesses

Aufgrund der sich immer schneller verändernden Märkte, der Verkürzung von Innovationszeiträumen, der zunehmenden Globalisierung und Internationalisierung der Marktteilnehmer durch Konzentrationen und Unternehmenszusammenschlüsse oder politische Unterstützung (Binnenmärkte) steigen die Herausforderungen an Unternehmens- und Vertriebsführung.

Der Vertriebsalltag wird vor diesem Hintergrund täglich komplexer, vielfältiger und schwieriger. Veränderungen, die die Notwendigkeit zur flexiblen Anpassung an neue Bedingungen mit sich bringen, sind ohne fundierte Vertriebssteuerungskonzepte und innovative Mitarbeiterführung kaum noch machbar. Die Komplexität der eigenen Leistung sowie der sich verändernden Nachfragestrukturen bergen die Gefahr der Verzettelung im Vertrieb. Eine konsequente Vertriebssteuerung wirkt auch diesem Effekt entgegen.

Ein professionelles Vertriebssteuerungskonzept sollte so angelegt sein, dass Erfolg versprechendes Verhalten und weniger Erfolg versprechendes Verhalten deutlich und messbar werden. Welche Handlungen bewirken oder nehmen Einfluss auf den Verkaufserfolg? Welche Tätigkeiten sollten in welcher Häufigkeit und Güte durchgeführt werden? Was kann gemessen werden? Wie kann sich der Vertriebsmitarbeiter „selbst" steuern? Im Hinblick auf die Mitarbeiterführung zeigen die Ergebnisse der Vertriebssteuerung wie sich der Vertrieb als Ganzes und der einzelne Vertriebsmitarbeiter verhalten. Es können Ziele festgelegt, Abweichungen erkannt und Maßnahmen zur Korrektur entwickelt werden.

Vertriebssteuerung als Teil des Vertriebsführungsprozesses

Ebenso wie eine moderne Vertriebssteuerung aufgrund der Marktveränderungen notwendig wird, unterliegt auch die Vertriebsmitarbeiterführung einer notwendigen und stetigen Anpassung. Die folgende Aufzählung zeigt die Führungsbereiche auf, die heutzutage in vielen Unternehmen verändert werden. Eine moderne Vertriebsführungskraft

- pflegt einen kooperativen, anstelle eines autoritären Führungsstils,

- versteht sich als Einzel- und Team-Coach, weniger als Anweiser,

- hält nicht an starren Prinzipien fest – „… das habe ich immer schon so gemacht …" – und ist bereit, sich persönlich weiterzuentwickeln,

- lässt Nähe zu seinen Mitarbeitern zu und vergrößert nicht die Distanz,

- nimmt soziale Verantwortung an, anstatt sich in der Hierarchie zu verstecken,

- versteht Mitarbeiter als Partner und nicht als „ausführende Organe".

Da der Vertrieb durch seinen handwerklichen Charakter geprägt ist, ergibt sich die Konsequenz, dass die Vertriebsführungskraft neben seiner sozialen – menschlichen – Kompetenz auch hohe fachliche Kompetenz (wie in anderen handwerklich geprägten Führungsaufgaben auch) mitbringen muss. Vertriebsmitarbeiter erwarten von ihrem Vorgesetzten nicht nur kompetentes Führungsverhalten sondern auch die konkrete Unterstützung in der vertrieblichen Tagesarbeit, vor allem in kritischen Verhandlungssituationen.

Diese konkrete Unterstützung nimmt in der Vertriebspraxis erheblichen Raum ein. Eine Vertriebsführungskraft sollte deshalb selbst über fundierte Vertriebspraxis oder vertriebsnahe Praxis verfügen und persönliche Vertriebserfolge nachweisen können. Fehlt dies, besteht die Gefahr, von den Mitarbeitern nicht akzeptiert zu werden. Warum sollte sich ein Vertriebsmitarbeiter von seinem Vorgesetzten etwas sagen lassen, wenn dieser nicht unter Beweis gestellt hat, dass seine eigenen vertrieblichen Prinzipien und Maßnahmen erfolgreich waren.

Die Vertriebssteuerung bildet einen wesentlichen Bestandteil des Vertriebsführungsprozesses. Sie umfasst eine ganze Reihe von Aspekten zur Unterstützung des Tagesgeschäfts.

Die Funktionen der Vertriebssteuerung ermöglichen, dass

- die Leistungen messbar und somit steuerbar (führbar) werden,
- Schwerpunkte und Hauptfokus gesetzt werden können,
- die wichtigen Erfolgskriterien sichtbar werden,
- Vergleiche (Benchmarking) durchgeführt werden können,
- Bewertungen und Qualifizierungen möglich werden,
- Entwicklungen sichtbar und korrigierbar werden,
- Grundlagen für Maßnahmenplanung geschaffen werden,

- Ursachen bei Fehlern oder unerwünschten Entwicklungen erkannt und
- Grenzen und Möglichkeiten ermittelt werden können.

Prinzipiell hat Vertriebssteuerung einen „mechanischen" und quantitativen Charakter. Es wird gemessen, ausgewertet und Zahlen werden zueinander in Beziehung gesetzt. Dies birgt für das Vertriebsmanagement die Gefahr, zu glauben, man könne eine Organisation „per Knopfdruck" führen. Dieser Versuch schlägt fehl. Es entstehen dann die bekannten „Zahlenfriedhöfe". Vertriebssteuerung ersetzt keinesfalls soziale Führungsaufgaben – sie ergänzt vielmehr den gesamten Führungsprozess und schafft Grundlagen dafür, Führungsaufgaben besser wahrnehmen zu können.

Der Zielfindungsprozess – vom Gesamtvertriebsziel zu Einzelzielen

Voraussetzung für die Entwicklung eines Vertriebssteuerungskonzepts ist das Vertriebsziel. Erst nachdem klar ist, welches übergeordnete Vertriebsziel erreicht werden soll, können untergeordnete Teilziele und Maßnahmen zu deren Erreichung entwickelt werden. Das Vertriebssteuerungskonzept wird danach ausgerichtet.

Das Vertriebsziel ist ein Hauptbestandteil der Unternehmenszielsetzung und wird aus der generellen Unternehmensstrategie abgeleitet. In der Regel wird es durch ein monetäres Ziel (Umsatz, Deckungsbeitrag) und/oder Stückzahlziel (Absatzmenge) zum Ausdruck gebracht. Aus dem Umsatzziel lassen sich Cash-Flow (Einzahlungen abzüglich Auszahlungen) und Deckungsbeitrag (Planumsatz abzüglich Wareneinsatz) ermitteln. Der Deckungsbeitrag bestimmt das mögliche Gewinnziel (Deckungsbeitrag abzüglich Kosten = Gewinn vor Steuern). Das Umsatzziel eines Anbieters stellt ferner ein Maß für die Schlagkraft und den Markterfolg dar und ist oftmals die Berechnungsgrundlage für den Marktanteil.

Grundlage für die Vertriebszielsetzung bildet die übergeordnete Unternehmensstrategie. Ein Unternehmen kann bei der Festlegung der Unternehmensstrategie prinzipiell zwei Basisstrategien verfolgen, die Wachstums- oder Erhaltungsstrategie.

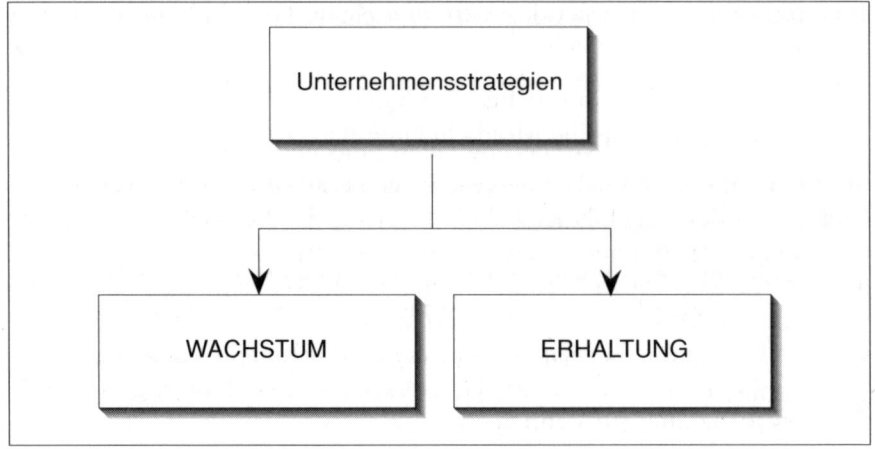

Abbildung 7: Die Basisunternehmensstrategien für Profit-Organisationen

Kriterien zur Festlegung des Gesamtvertriebsziels

Das Gesamtvertriebsziel, das sich grundsätzlich an der übergeordneten Unternehmensstrategie ausrichtet, wird durch folgende Kriterien definiert und abgeleitet:

- Die erzielten Ergebnisse aus der vergangenen Periode
  – Wie hat sich der Umsatz in der Vergangenheit entwickelt?

- Die Möglichkeiten und Begrenzungen der eigenen Organisation
  – Produktportfolio, Kapazität der Vertriebsmannschaft, der Fabrik, der Organisation. Was kann bewältigt werden?

- Die Möglichkeiten im Markt
  – Marktperspektiven, Gesamtmarktvolumen, die eigene Stellung im Markt.

- Die Vorstellungen der Unternehmensinhaber oder Anteilseigner
  – Shareholder-Value-Prinzipien

- Betriebswirtschaftliche Notwendigkeiten
  – Geldmittel für Investitionen, Zinsen, usw.

Innerhalb dieser Kriterien können eine Reihe von Zielkonflikten entstehen. Dazu drei Beispiele:

- Die Wünsche der Unternehmensinhaber in Bezug auf Rendite bzw. Gewinn übersteigen die Möglichkeiten der Organisation.

- Das Marktumfeld und die aktuelle Marktdynamik lässt das geplante Wachstumsziel nicht zu.

- Das Einzelinteresse der Länderorganisationen steht im Konflikt zum internationalen Interesse (z. B. Wachstum versus Cash-Flow).

Daraus folgt, dass der Zielfindungsprozess im Ergebnis ein Prozess der Kompromissfindung ist. Für Geschäftsführer und Vertriebschefs stellt die Zeit der Zielfindung (Budgetierung) die heiße Phase des Jahres dar, denn in dieser Zeit kommt es darauf an, die eigenen Möglichkeiten und Vorstellungen mit den Wünschen und Vorstellungen der Inhaber oder übergeordneten Organisationen (z. B. Holdings) in Einklang zu bringen.

Festlegung der Ziele für Vertriebsmitarbeiter

Wenn das Vertriebsziel definiert wurde, wird das Gesamtziel auf die Einzelziele der Vertriebsteams und einzelner Vertriebsmitarbeiter heruntergebrochen. Dabei sind für die betroffenen Teams und Vertriebsmitarbeiter die Grundsätze der Zielsetzung im Allgemeinen zu beachten. Zu den Grundsätzen gehören: Ziele müssen

- realistisch,
- erreichbar,
- messbar und
- motivierend sein.

Niemandem nützen Zielsetzungen, die nicht realistisch sind, denn diese werden gar nicht erst von den Teams und Vertriebsmitarbeitern angenommen. Hingegen sind realistische und herausfordernde Ziele für die meisten sehr motivierend und wecken den Ehrgeiz, diese zu erreichen. Dasselbe gilt für die praktische Erreichbarkeit. Lässt es der Markt überhaupt zu, eine Zielsetzung zu erreichen? Wie groß ist der notwendige Grad der Anstrengung, das Ziel zu erreichen? Die Messbarkeit der Zielerreichung muss durch das Berichtssystem (Reporting) und Vertriebssteuerungssystem (Sales-Controlling) organisiert und gewährleistet werden.

Die Zielsetzung für Vertriebsmitarbeiter leitet sich im Kern aus den folgenden drei Kriterien ab:

▶ **Wirtschaftlichkeit (betriebswirtschaftliche Notwendigkeiten)**
Ab welcher Umsatz- oder Deckungsbeitragshöhe werden unter Berücksichtigung der direkten Vertriebskosten (Grundgehalt, Provision, Incentives, Lohnnebenkosten, Arbeitsplatzkosten wie Telefon, PC, anteilige Miete, Handy- und Pkw-Kosten) die notwendige Margen (Verkaufsumsatz abzüglich Wareneinstand) erzielt?

▶ **Unternehmensstrategie (Wachstum oder Erhaltung)**
Welche Ziele müssen erreicht werden, um die Gesamtziele (Rendite, Gewinn), die aus der übergeordneten Unternehmensstrategie resultieren, erreichen zu können?

▶ **Tatsächliche Möglichkeiten (Begrenzungen)**
Was kann bei normalem Leistungseinsatz mit der Vertriebsmannschaft überhaupt erreicht werden? Wie ist das Marktpotenzial einzuschätzen? Wie waren die Ergebnisse der Vorjahre? Welche aktuellen Entwicklungen müssen berücksichtigt werden?

Bei der Festlegung von Vertriebszielen kann grundsätzlich zwischen

▶ **der „quasi"-einheitlichen Zielsetzung – jeder bekommt das gleiche Verkaufsziel**

und

▶ **der individuellen Zielsetzung, d. h. die Vertriebsziele werden für jeden Vertriebsmitarbeiter individuell festgesetzt,**

unterschieden werden.

Grundprobleme und Voraussetzungen bei einheitlicher Zielsetzung

Beim Ansatz der einheitlichen Zielsetzung für alle Vertriebsmitarbeiter geht die Verkaufsleitung davon aus (oder stellt sicher), dass jeder Vertriebsmitarbeiter in seinem zugeordneten Verkaufsbezirk ausreichend Verkaufspotenzial besitzt, um das für alle gleiche Verkaufsziel erreichen zu können.

Eine Sonderform der einheitlichen Zielsetzung bildet die Unterscheidung zwischen einem

▶ **Junior-Verkaufsziel**
Unter Junior-Vertriebsbeauftragte versteht man Berufseinsteiger, die zunächst eine Lern- und Erfahrungsphase benötigen, um voll produktiv eingesetzt werden zu können. In dieser Zeit erhält der Vertriebsmitarbeiter ein reduziertes Verkaufsziel.

und einem

▶ **Senior-Verkaufsziel**
Der Senior-Vertriebsbeauftragte besitzt einschlägige Vertriebserfahrung und ist voll produktiv einsetzbar. Er erhält das volle Verkaufsziel.

Die Vorteile der einheitlichen Zielsetzung für das Unternehmen und den Vertriebsmitarbeiter sind

● ein einheitliches Solleinkommen bei 100-Prozent-Zielerreichung (dies verhindert Diskussionen über Fairness und Gerechtigkeit innerhalb der Vertriebsmannschaft hinsichtlich der Einkommensmöglichkeiten),

● ein einheitliches Provisions- und Prämiensystem, und

● eine einfache Vergleichbarkeit der Leistung hinsichtlich der Verkaufs-Wettbewerbe und der Rankings.

Der Nachteil der einheitlichen Zielsetzung liegt darin, dass die persönlichen Fähigkeiten und Neigungen einzelner Mitarbeiter sowie die tatsächlichen Verkaufsmöglichkeiten im jeweiligen Verkaufsbezirk nicht detailliert berücksichtigt und ausgeschöpft werden.

Grundprobleme und Voraussetzungen bei individueller Zielsetzung

Unter individueller Zielsetzung versteht man die Vergabe von persönlichen und individuellen Verkaufszielen je Vertriebsmitarbeiter. Die Grundlagen und Kriterien für diese Form der Verkaufszielsetzung bilden

- die Verkaufsmöglichkeiten im Verkaufsbezirk (detaillierte Potenzial-Analyse),

- die Verkäufertypen (Großkunden-, Geo-, Listen-Vertriebsmitarbeiter),

- der Erfahrungsgrad des jeweiligen Vertriebsmitarbeiters,

- die Ergebnisse der Vergangenheit,

- die Neigungen und das Können des Vertriebsmitarbeiters.

Vorteil der individuellen Zielfestsetzung ist die Optimierung der Potenzialausschöpfung durch den Vertriebsmitarbeiter. Die Wertschöpfung der Vertriebsorganisation kann gesteigert werden.

Die Nachteile (oder Schwierigkeiten) bei individueller Zielsetzung liegen in

▶ **der Findung der richtigen Kriterien für die Bestimmung des möglichen Verkaufspotenzials in einem Verkaufsbezirk.**
Die Findung der/des richtigen Indikators/en für das Verkaufspotenzial ist eine schwierige Aufgabe. In der Vertriebsmannschaft kann erhebliche Unruhe entstehen, wenn die Kriterien nicht klar und eindeutig definiert werden.

▶ **den unterschiedlichen Solleinkommen bei 100-Prozent-Zielerreichung.**
Entweder muss dies hingenommen werden (Ungerechtigkeitsempfinden), oder eine Berücksichtigung bei der Bezahlung finden (Provisionen, Grundgehälter). Das Verkaufsmanagement hat in diesem Fall die Aufgabe, ein transparentes, den Kriterien angemessenes und für die Beteiligten akzeptierbares Vergütungssystem zu entwickeln.

Eine individuelle Zielsetzung einzuführen ist ungleich aufwendiger als die einheitliche Zielsetzung für alle. Eine Alternative dazu bildet die Möglichkeit, die einheitliche Zielsetzung zu individualisieren und beispielsweise zwei oder drei unterschiedliche Verkaufsziele einzuführen, die sich am Verkaufspotenzial und am Können ausrichten.

Bei dieser Variante besteht die Chance, Gruppen zu bilden, die nach den Bezirken mit schwachem, normalem und hohem Potenzial eingeteilt werden. Das ist zwar ungenauer, aber praktikabel und einfacher und erlaubt eine optimierte Marktabschöpfung.

Generell kommt es bei der Individualisierung von Verkaufszielen darauf an, ausreichend Kapazität zu planen, da die Einführung sehr aufwendig ist. Gleichzeitig sollte ein zu kompliziertes System vermieden werden.

Motivation der Vertriebsmitarbeiter

Neben einer realistischen Zielsetzung gibt es eine Vielzahl weiterer Möglichkeiten, um die Motivation der Vertriebsmitarbeiter zu fördern. Nutzt ein Unternehmen diese Möglichkeiten, muss der Ausgestaltung hohe Aufmerksamkeit gewidmet werden, denn bei ungenügender oder fehlerhafter Ausgestaltung kann auch Gegenteiliges, Demotivation, erreicht werden. Ein Provisionssystem, das hinsichtlich seiner Plausibilität unausgegoren ist, wirkt auf den Vertriebsmitarbeiter unfair und ungerecht, und die Motivationsabsichten können in Demotivation und Verärgerung umschlagen.

Instrumente für die Motivation der Vertriebsmitarbeiter sind:

▶ **Monetäres Entlohnungssystem (Provisions-, Prämiensysteme)**
Die Anstrengungen des Vertriebsmitarbeiters sollen sich für ihn persönlich auszahlen. Das Entlohnungssystem sollte als Anreizsystem konzipiert werden, damit der Vertriebsmitarbeiter zum Vertragsabschluß motiviert wird. Provisionen oder Prämien werden in Abhängigkeit des Vertragsabschlusses oder der Zielerreichung gestaltet. Wie hat das Unternehmen die Verknüpfung zwischen Leistung und Entlohnung realisiert?

▶ **Ausgestaltung der Hygienefaktoren**
Zu ihnen gehören Firmen-Pkw-Regelung, Anzahl der Urlaubstage, Höhe des Ziel-Einkommens, Stellung in der Hierarchie, Titel.

Hygienefaktoren befriedigen unter anderem das Bedürfnis nach persönlichem Status und sozialer gesellschaftlicher Stellung des Mitarbeiters. Möchten Sie lieber „Verkäufer" oder „Vertriebsrepräsentant" als Titel erhalten? Das Einkommen definiert den Wert der Arbeit und beeinflusst die Gestaltung des Lebensstandards.

Der Pkw-Regelung und Ausgestaltung der „Kleider-Ordnung" (wer darf welchen Dienstwagen fahren?) sollte höchste Aufmerksamkeit gewidmet werden, denn es ist immer wieder festzustellen, dass die Frage, welcher Dienstwagen zur Verfügung gestellt wird, für den Vertriebsmitarbeiter ein Motivationsthema ersten Ranges ist. Die Pkw-Regelung wird bei falscher Ausgestaltung (und somit unfairer Wirkung) zum Dauerreizthema.

▷ **Bedeutung der Zielerreichung oder Nicht-Zielerreichung hinsichtlich beruflicher Entwicklungsmöglichkeiten im Unternehmen (Karriereperspektiven in Abhängigkeit zur aktuellen Leistung)**
Das Verkaufsmanagement muss in seinen Führungsgrundsätzen darstellen, ob z. B. die Erreichung von Verkaufszielen eine Voraussetzung für Karriereentwicklungen ist. Welche Konsequenzen hat es für den Vertriebsmitarbeiter, wenn die Ziele nachhaltig nicht erreicht werden?

▷ **Unternehmens-Kultur und Führungsphilosophie**
Welches Arbeitsklima herrscht vor? Gelingt es der Führung, ein leistungsorientiertes Klima herzustellen? Können sich die Mitarbeiter in diesem Umfeld wohl fühlen? Wie sind die Handlungsspielräume und Verantwortungsbereiche geregelt? Wie geht das Unternehmen mit Fehlern oder erkannten Defiziten von Vertriebsmitarbeitern um? Regiert „die Angst" oder werden Kritik und Diskussionen zugelassen?

▷ **Verkaufsteam-Kultur und konkreter Führungsstil**
Der Führungsstil des Vorgesetzten, sein Umgang mit den Vertriebsmitarbeitern prägen die Verkaufsteam-Kultur. Gelingt es, ein leistungsorientiertes und angstfreies Klima herzustellen, das individuelle Entwicklungsmöglichkeiten zulässt? Führungsstil und Verkaufsteam-Kultur bilden eine wichtige Voraussetzung für Motivation.

▷ **Aus- und Fortbildungsmaßnahmen (Investitionen in den Vertriebsmitarbeiter)**
Ist das Unternehmen bestrebt, seine Vertriebsmitarbeiter aktiv weiterzuentwickeln und zu schulen? Wie ist die Bereitschaft ausgeprägt, in Ausbildung zu investieren? Welche Perspektiven ergeben sich daraus für den Vertriebsmitarbeiter? Der Mitarbeiter ist bereit, sich voll und ganz einzubringen, wenn er erkennt, dass das Unternehmen auch etwas für ihn tut.

▶ Rahmenbedingungen am Arbeitsplatz (Arbeitsplatzgestaltung, PC, CAS-System, allgemeiner Komfort)

Wenn die Arbeitsbedingungen komfortables und produktivitätsförderndes Arbeiten zulassen, wird die Motivation gesteigert. Negativ ausgedrückt: die Motivation von Mitarbeitern wird empfindlich beeinträchtigt, wenn die Arbeitsplatzbedingungen ungünstig sind und den Mitarbeitern dadurch „überflüssige" Mehrbelastungen zugemutet werden. So sollte beispielsweise die Klimaanlage im Firmen-Pkw heutzutage Standard sein.

▶ Wertschätzungsprogramme (Incentives)

Persönliche und „öffentliche" Anerkennung individueller Leistungen eines Mitarbeiters ist ein Motivationsfaktor ersten Ranges. Die Zusammenhänge werden im Abschnitt „Incentives", Seite 181, ausgeführt.

▶ Verkaufswettbewerbe

Verkaufswettbewerbe leisten – bei Beachtung entsprechender Grundsätze (siehe Abschnitt „Verkaufswettbewerbe", Seite 179) – einen großen Beitrag zur Motivation. Dem Vertriebsmitarbeiter wird bei entsprechender Leistung ermöglicht, sein Bedürfnis nach Einkommen und Anerkennung zu befriedigen.

KURZCHECK

○ Vertriebssteuerung ist Teil des Vertriebsführungsprozesses und Aufgabe des Vertriebsmanagements.

○ Ausgehend von der Unternehmens- und Vertriebszielsetzung gilt es nun ein Vertriebssteuerungssystem aufzubauen, oder falls notwendig, das bestehende System anzupassen.

○ Die Vertriebssteuerung hat „mechanischen" und quantitativen Charakter. Sie darf keinesfalls als Ersatz für soziale Führungsaufgaben angesehen werden.

○ Die Vertriebssteuerung ist eine wichtige Maßnahme, die den gesamten Führungsprozess ergänzt und unterstützt.

○ Das Vertriebsziel sowohl für den Gesamtbereich wie für den Einzelnen muss realistisch, erreichbar, messbar und motivierend sein.

○ Fragen Sie das Unternehmen nach dem Vertriebsziel und die Hintergründe dafür.

○ Versuchen Sie herauszufinden, ob ein Vertriebssteuerungssystem existiert und wie dieses ausgestaltet und umgesetzt wird.

○ Welches persönliche Verkaufsziel haben Sie zu erwarten?

○ Welches Führungskonzept existiert und welcher Führungsstil wird im Unternehmen praktiziert?

○ In welchem Rahmen werden die erzielten Ergebnisse besprochen?

○ Was motiviert Sie persönlich?

Bestandteile des Vertriebssteuerungssystems

Vertriebssteuerungssysteme werden für die jeweilige Vertriebsorganisation, unter Berücksichtigung des Marktumfeldes sowie der Unternehmensstrategie und -zielsetzungen individuell entwickelt bzw. angepasst.

Bestandteile und generelle Anforderungen

Ein Vertriebssteuerungssystem beinhaltet prinzipiell folgende Module:

● Berichtswesen (Reporting-System)
● Verkaufspotenzialmessung und Einschätzung
● Produktivität des Vertriebs
● Vertragsabschlussplanung
● Ergebnisanalyse und -fortschreibung

Ein zusätzlicher Vorzug im Vertriebssteuerungsprozess liegt darin, individuelle Erkenntnisse gewinnen zu können, indem man Einzelinstrumente und deren Ergebnisse kombiniert und dabei mögliche Zusammenhänge zwischen den einzelnen Faktoren recherchieren kann.

Aufgrund der wachsenden Veränderungsgeschwindigkeit in vielen Märkten ist es wichtig, dass das Vertriebssteuerungssystem eine schnelle

Aktualisierung und Anpassung zulässt, um auf Veränderungen prompt reagieren zu können. Das erfordert im Einzelnen Zeit und Anstrengung, ist aber unerlässlich. Ein veraltetes Vertriebssteuerungssystem ist wie ein Formel-I-Rennwagen, in dem der Fahrer versucht, mit abgefahrenen Reifen ein Rennen zu gewinnen.

Schematischer Aufbau und spezielle Anforderungen

Das in Abbildung 8 skizzierte Modell eines Reporting-/Vertriebssteuerungssystems hat eine international operierende Gesellschaft mit Tochtergesellschaften, Verkaufsteams in den Ländern sowie einzelne Vertriebsmitarbeiter zur Grundlage.

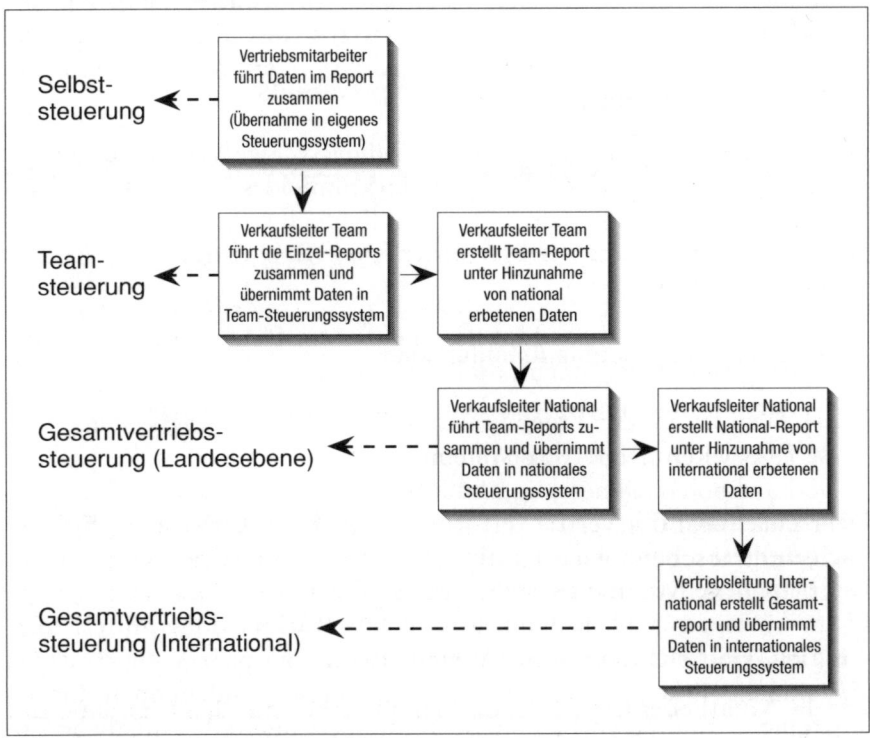

Abbildung 8: Schematischer Aufbau eines Reporting-/Vertriebssteuerungssystems

Um ein Vertriebssteuerungssystem flexibel ausgestalten zu können, müssen spezielle Grundlagen geschaffen und Anforderungen erfüllt werden:

- Auf der Ebene des Vertriebsmitarbeiters muss ein Berichtswesen etabliert werden, das die Daten, die für die unterschiedlichen Vertriebssteuerungsebenen notwendig sind, ausreichend zur Verfügung stellt. Vertriebssteuerung erfordert Reporting (Berichtswesen).

- Der Informationsbedarf kann auf den unterschiedlichen Ebenen voneinander abweichen, da die Vertriebssteuerung ein Management-Tool darstellt und die Tätigkeitsschwerpunkte auf den Ebenen unterschiedlich ausgeprägt sein können. Während der Verkaufsleiter Team daran interessiert ist, zu erfahren, bei welchen konkreten Kunden im nächsten Monat Abschlüsse zu erwarten sind, hat der Verkaufsleiter National zusätzlich das Interesse die genaue Stückzahlplanung zu erhalten, um der Produktion eine Grundlage für die Fertigungssteuerung zu liefern.

Auf jeder Ebene im Vertriebssteuerungsprozess werden drei Aktionen durchgeführt:

- das Zusammentragen der erforderlichen Reporting-Daten für die einzelnen Ebenen,

- die Übernahme und das Einpflegen einzelner Daten für das jeweilige Vertriebssteuerungssystem, und

- die Auswertung der Ergebnisse des Vertriebssteuerungssystems und die Entwicklung von Maßnahmen.

Das Zusammentragen der erforderlichen Reporting-Daten für die nächsthöhere Ebene wird häufig als lästige Zusatzarbeit empfunden. Der betroffene Mitarbeiter stellt sich die Frage, wem diese Daten überhaupt nützen, vor allem dann, wenn keine Rückmeldung mittels Auswertung, Gespräch oder Maßnahmen erfolgt.

Für die Mitarbeiter hat das Ganze dann letztlich nur den Charakter des Berichtswesen, zu dem er laut Arbeitsvertrag verpflichtet ist. Von Steuerung und nutzbringenden Maßnahmen sieht man sich meilenweit entfernt. Es wird als Kontrolle empfunden, die zusätzliche Arbeit ist nervend, und der betroffene Mitarbeiter erkennt keinen Nutzen für sich.

Es kommt also bei der Einführung oder Anpassung des Vertriebssteue-rungssystems darauf an, sicherzustellen, dass jeder betroffene Mit-arbeiter etwas davon hat (einen Nutzen für sich sieht). Er muss Aus-wertungen erhalten, mit denen er arbeiten kann, aus denen für ihn erkennbar wird, was er tun kann oder muss, welche Maßnahmen zu ergreifen sind, um die Zielerreichung herbeizuführen. Dies sollte in Einzel- oder Teamgesprächen geschehen.

Um dem Anspruch wirkungsvoller Maßnahmenplanung gerecht wer-den zu können, ist es notwendig, zu analysieren, welche messbaren Schlüsselerfolgsfaktoren es gibt, die bei optimaler Durchführung eine hohe Wirkung im Sinne der Zielerreichung besitzen. Die Identifikation der richtigen Schlüsselerfolgsfaktoren bildet die Ausgangsbasis für ein modernes Vertriebssteuerungssystem.

Bestimmung der Schlüsselerfolgsfaktoren

Die Analyse bildet den Ausgangspunkt für die Entwicklung eines Ver-triebssteuerungssystems:

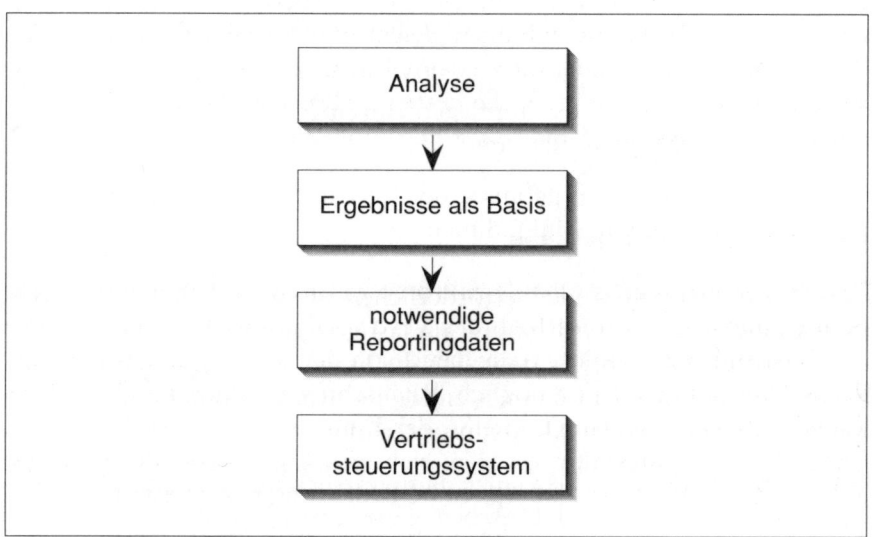

Abbildung 9: Analyseprozess zur Bestimmung der Schlüsselerfolgsfaktoren

Ziel der Analyse ist, herauszufinden, welche messbaren Schlüsselerfolgsfaktoren für den Vertriebserfolg maßgeblich verantwortlich sind. Der Schwerpunkt liegt auf den Erfolgsfaktoren, die im Prozess der Vertriebstätigkeiten identifiziert werden können.

Diese Schlüsselerfolgsfaktoren haben einen

▶ **sachlichen,**
Was tue ich?

▶ **qualitativen und**
Wie tue ich es?

▶ **quantitativen**
In welchem Umfang tue ich etwas?

Aspekt, der dabei untersucht werden muss.

Zu Beginn stellt sich die Frage, wer oder was die notwendigen Analysedaten bereitstellt, bzw. wer oder was den Maßstab bildet.

Beispielsweise kann man annehmen, dass die besten Vertriebsmitarbeiter einer Vertriebsmannschaft auch gleichzeitig diejenigen sind, die sachlich, qualitativ und quantitativ optimal arbeiten. Bei dieser Annahme stellt also diese Gruppe (z. B. die besten 10 Prozent der Vertriebsmannschaft) die Analysebasis, die Kontrollgruppe, dar.

Vorvertragliche Erfolgsfaktoren

Zu den vorvertraglichen Erfolgsfaktoren gehören die Tätigkeitsschwerpunkte, die den Verkaufserfolg (den Vertragsabschluss) vorbereiten und anschließend sicherstellen. Ausgehend von den vorvertraglichen Tätigkeitsschwerpunkten ist es möglich, Rückschlüsse auf das mögliche Verkaufsergebnis zu ziehen. Das heißt, der Ermittlung der wirksamen vorvertraglichen Erfolgsfaktoren, dem richtigen Einsatz und der Führung anhand dieser Faktoren, ist eine hohe Bedeutung beizumessen.

Bereits hier werden die Grundlagen für den in der Zukunft liegenden Verkaufserfolg erarbeitet. Zu den vorvertraglichen Erfolgsfaktoren eines Vertriebsmitarbeiters/Vertriebsteams zählen im Einzelnen die

▶ **Anzahl der durchgeführten Akquisemaßnahmen innerhalb eines Zeitraums (= Akquisitionsintensität)**
- Anzahl der Akquisitionstelefonate und Anzahl der erreichten Termine
- Anzahl der Kaltbesuche (persönliche Besuche ohne vorherige Anmeldung) und Anzahl der erreichten Folgegespräche
- Anzahl der Neukontakte bei Messen/Hausausstellungen und Anzahl der Folgegespräche aus diesen Aktionen

▶ **Anzahl der durchgeführten persönlichen Besuchstermine innerhalb eines Zeitraums nach**
- Kundenbesuchen
- Interessentenbesuchen
- Verhältnis dieser zueinander

▶ **Anzahl der durchgeführten Produktpräsentationen innerhalb eines Zeitraums**
- Kundenpräsentationen (Anschlussgeschäft)
- Interessentenpräsentationen (Neukundengeschäft)

▶ **Entwicklung des Vertragsabschlusspolsters**
- Entwicklung der Anzahl von Verkaufszyklen
- Entwicklung des Wertes des Vertragsabschlusspolsters (Σ Einzelwerte der Verkaufszyklen)
- Anzahl der Verkaufszyklen bei Interessenten
- Anzahl der Verkaufszyklen bei Kunden

▶ **Analyse der erfolgten Trainingsmaßnahmen innerhalb eines Zeitraums**
- durch die Trainingsabteilung
- Coaching durch den Verkaufsleiter
- Training durch zugeordneten Tutor/Mentor
- teambezogene (selbstorganisierte) Trainings
- Gemeinschaftsaktionen (Akquiseaktionen)

Nachdem diese Daten über einen bestimmten Zeitraum – als praktikabel hat sich ein Quartal erwiesen – erhoben wurden, sind sie mit der Kontrollgruppe zu vergleichen (absolute Zahlen, Menge) und anschließend in Beziehung zueinander zu setzen, um ermitteln zu können

- welche Mindestquantität erreicht werden muss, und
- wie es um die erreichte Qualität bestellt ist.

Als Kontrollgruppe werden die Ergebnisse der Top-Verkäufer (die besten 10 Prozent einer Vertriebsmannschaft) herangezogen – sie bilden beim Vergleich den Maßstab (=100 %).

Messung I: Anzahl Akquisetelefonate

Bei dieser Messung wird das Verhältnis zwischen der absoluten Anzahl der durchgeführten Akquisetelefonate und der daraus erreichten Terminvereinbarungen ermittelt.

$$\frac{\text{erreichte Termine}}{\text{Anzahl Akquisetelefonate}} \times 100 = \%$$

Abbildung 10: Formel – Terminquote

Anschließend werden die Einzelergebnisse mit denen der Kontrollgruppe verglichen.

Der Prozent-Satz liefert Hinweise auf die Telefonqualität des jeweiligen Vertriebsmitarbeiters sowie für die Festlegung einer Mindest-Akquisetelefonat-Menge, damit ausreichend Termine vereinbart werden können. Des Weiteren kann anhand dieser Analyse entschieden werden, durch welche Maßnahmen die Telefonqualität verbessert werden kann. Da die Akquisition zu den anspruchsvollsten Tätigkeiten des Vertriebsmitarbeiters zählt, darf das Ergebnis nicht „mechanisch" interpretiert werden. Vor allem dann, wenn die Quote zu niedrig ist. Eine niedrige Quote lässt vermuten, dass die Telefonqualität nicht in Ordnung ist. Es ist die Aufgabe der Führungskraft im Rahmen ihrer Coaching-Funktion gemeinsam mit dem Vertriebsmitarbeiter herauszufinden woran es liegen kann, dass die Quote zu niedrig ist. Steigt der Mitarbeiter nicht optimal in das Telefongespräch ein? Fragt er nicht richtig? Ist die Zielgruppe zu schwer (fachliche Qualifikation) oder ist die Akquisition nicht Erfolg versprechend genug vorbereitet?

Prinzipiell muss berücksichtigt werden, dass es bei Akquisetelefonaten mit Interessenten schwieriger ist Termine zu bekommen als bei Kunden. Ebenfalls erhält man im behördlichen Umfeld einfacher Termine als im Industrieumfeld. Beim Vergleich der Zahlen muss also die Bezirksstruktur des jeweiligen Vertriebsmitarbeiters bzw. die akquirierte Zielgruppe berücksichtigt werden.

Messung II: Anzahl Kaltbesuche

Bei dieser Messung wird die Anzahl von Kaltbesuchen (persönliche Besuche ohne vorherige Anmeldung) zur Anzahl der Folgevereinbarungen (2t-Gespräch, Angebotserstellung) ins Verhältnis gesetzt.

$$\frac{\text{Anzahl Folgeaktionen}}{\text{Anzahl Kaltbesuche}} \times 100 = \%$$

Abbildung 11: Formel – Folgeaktionsquote

Dieser Prozentsatz liefert, ähnlich wie bei Messung I, Hinweise auf die Durchführungsqualität der Kaltbesuche. Wie bei Messung I muss das zur Verfügung stehende Bezirkspotenzial berücksichtigt werden, damit eine sinnvolle Vergleichbarkeit sichergestellt werden kann.

Messung III: Anzahl Kundenbesuche

Bei dieser Messung geht es um die Ermittlung und den Vergleich der absoluten Anzahl von durchgeführten Besuchen bei Kunden/Interessenten innerhalb eines Zeitraums (z. B. ein Quartal) zur Kontrollgruppe.

Grundsätzlich hängt die (mögliche) Anzahl von persönlichen Kundenbesuchen von

- der durchschnittlichen Verweildauer pro Termin,
- den notwendigen Fahrtzeiten (Bezirksstruktur), und
- der Telefonakquiseintensität und -qualität

ab.

Die höchste Wirksamkeit, den Verkaufsprozess bei Investitionsgüter-Beschaffungsprozessen beeinflussen zu können, ist im persönlichen Gespräch zwischen Kunde und Vertriebsmitarbeiter gegeben. Im Vergleich zur Kommunikation mittels Brief/Fax/E-Mail (einseitige) oder Telefon (zweiseitige auf Audiokommunikation beschränkte) kann beim persönlichen Besuch aufgrund des möglichen Einsatzes der gesamten Breite der Kommunikationsmittel (zweiseitig, audio, visuell) sowie des Informationsaustauschs durch Unterlagen die höchste Wirkung (Beeinflussung und Überzeugung) erzielt werden.

Ein Vertriebsgrundsatz besagt: „das Geschäft wird *beim Kunden* gemacht". Daher gilt es vor allem, einen Rahmen für den Vertrieb zu schaffen, der es ermöglicht so viel persönliche Termine wie nur möglich realisieren zu können.

Bei der Messung von persönlichen Besuchen sollte unterschieden werden zwischen:

- Erst- oder Folgebesuchen bei Interessenten,
- Besuchen bei Kunden und
- Besuchen mit Abschlusscharakter.

Die so ermittelten Ergebnisse werden wiederum mit den Zahlen der „Besten" verglichen.

Aufgrund der hohen Wirkung und Wichtigkeit von persönlichen Besuchen sollte neben der Zahl der „Besten" auch die mathematisch zu ermittelnde generell mögliche Anzahl von Besuchen berücksichtigt werden.

---

zeitliche Gesamtkapazität pro Vertriebsmitarbeiter/Tag

abzüglich notwendiger Fahrtzeiten (Bezirksstruktur)

abzüglich Zeit für Telefonakquise zur Terminvereinbarung

abzüglich Zeit für andere Tätigkeiten (Vorbereitung von Präsentationen, Meeting, Trainings, Adminstration)

= verbleibende Zeit pro Tag (in Stunden)

Abbildung 12: Die mathematische Ermittlung der möglichen Besuche pro Tag

$$\frac{\text{verbleibende Zeit (Std. pro Tag)}}{\varnothing \text{ Verweildauer beim Kunden}} = \text{Anzahl mögl. Termine}$$

Abbildung 13: Formel – Ermittlung Anzahl möglicher Termine

Der Quercheck zwischen der Produktivität der Besten und der ermittelten möglichen Anzahl ist deshalb so bedeutsam, weil der persönliche Besuch ein Aktionsmittel von höchster Wirkung ist und bei der Festlegung von Produktivitätszielen Fehler unbedingt vermieden werden sollten.

Außerdem ist bei der Ermittlung der möglichen Besuchsanzahl zu berücksichtigen, welche grundsätzliche Aufteilung des Arbeitstages am sinnvollsten ist. Vertriebsnebentätigkeiten, wie z. B. das Erstellen von Angeboten oder die Erledigung administrativer Tätigkeiten gehören nicht in die verkaufsaktive Zeit. Die verkaufsaktive Zeit beschreibt den Zeitraum des Tages, an dem die Kunden am besten erreicht werden können. Für die meisten Zielmärkte gilt eine übliche verkaufsaktive Zeit von morgens 08.30 h bis nachmittags 16.30 h.

Der Freitagnachmittag (ab 13.00 h) gehört nur noch zum Teil zur verkaufsaktiven Zeit, da aufgrund der Flexibilisierung der Arbeitszeiten bzw. der Arbeitszeiten im öffentlichen Dienst, viele Kunden bereits im Wochenende sind. Der Freitagnachmittag bietet sich also z. B. für administrative Tätigkeiten an.

Messung IV: Anzahl Produktpräsentationen

Die Produktpräsentation ist ein wichtiger vorvertraglicher Tätigkeitsschwerpunkt, denn es besteht für den Vertriebsmitarbeiter die Möglichkeit, die eigene Leistung positiv von der Mitbewerberleistung abzugrenzen und eine Vorentscheidung herbeizuführen.

Kunden, die sich Zeit für eine Produktpräsentation nehmen, haben in der Regel ernsthaftes Beschaffungsinteresse. Insofern liefert die Anzahl der durchgeführten Produktpräsentationen innerhalb eines festgelegten Zeitraums einen Hinweis auf die Qualität der Verkaufszyklen. Die ermittelte Anzahl wird mit der Zahl der „Besten" verglichen.

Neben den vertriebsproduktiven Aspekten ist die Anzahl der durchgeführten Präsentationen auch aus betriebswirtschaftlicher Sicht wichtig. Die Aufrechterhaltung und Bestückung von Schauräumen ist kostenintensiv (Miete, Abschreibungen, Service), so dass die Anpassung der Schauraum-Konzeption am Präsentationsverhalten und an Kostengesichtspunkten ausgerichtet werden sollte.

Messung V: Entwicklung des Abschlussvolumens

Die Entwicklung des Abschlussvolumens zu messen bedeutet, festzustellen, wie sich innerhalb eines festzulegenden Zeitraums die Anzahl der vom Vertriebsmitarbeiter geführten abschlussfähigen Verkaufszyklen mengen- und wertmäßig entwickeln.

Das Abschlussvolumen gibt Aufschluss darüber,

- wie groß das mögliche Geschäftsvolumen je Vertriebsmitarbeiter ist,

- ob das gesteckte Vertriebsziel zu erreichen ist
  (ausreichend Abschlusszyklen vorhanden sind),

- wie die Abschlussqualität des Vertriebsmitarbeiters zu bewerten ist
  (Verhältnis Anzahl Zyklen zur Anzahl Abschlüsse).

Um den Informationsgrad bei der Aufstellung des Abschlussvolumens zu erhöhen, sollte es nach bestimmten qualitativen Kriterien aufgeschlüsselt werden. Nachfolgende Kriterien zeigen verschiedene Möglichkeiten zur Aufschlüsselung des Abschlussvolumens:

- nach der Art des Geschäfts
  (Kundengeschäft, Neukundengeschäft)

- nach der Art der Vertragsform
  (Kauf, Miete, Leasing, usw.)

- nach Zielmarktkriterien
  (Großkunde, Standardkunde, Behörde, usw.)

- nach Produkten oder Produktgruppen

Das Abschlussvolumen beinhaltet alle geführten Verkaufszyklen, die unabhängig von der Höhe der Abschlusswahrscheinlichkeit innerhalb eines Zeitraums zu einer Entscheidung gelangen werden. Um die Grundfrage nach der Möglichkeit der Zielerreichung beantworten zu können, bietet sich als Zeitraum die Dauer des Geschäftsjahres an.

Bei der Führung des Abschlussvolumens handelt es sich um einen Fortschreibungsprozess, der z. B. so aufgebaut werden kann, dass im aktuellen Berichtsmonat der 12-Monatsausblick aufgestellt wird, wobei neue Zyklen, die in den 12-Monatszeitraum fallen, hinzugefügt werden, und abgeschlossene, verlorene oder nicht mehr realistische Abschlusschancen aus der Übersicht genommen werden.

Das Abschlussvolumen bildet die Grundlage für die konkrete Vertragsabschlussplanung.

Die kurzfristige Vertragsabschlussplanung

Inhalt der kurzfristigen Vertragsabschlussplanung ist die Aufstellung der Verkaufszyklen, bei denen der Vertriebsmitarbeiter glaubt oder sich sicher ist, dass er den Abschluss im kurzfristigen Planungszeitraum realisiert.

Basisdaten für die kurzfristige Abschlussplanung sind

- die Verkaufszyklen aus dem Abschlussvolumen, die im kurzfristigen Planungszeitraum zum Abschluss gelangen werden (Entscheidungs-Zeitpunkte),

- und davon diejenigen Zyklen, die durch den Vertriebsmitarbeiter mit einer hohen Abschlusswahrscheinlichkeit qualifiziert werden können (prozentuale Abschlusseinschätzung).

Die kurzfristige Vertragsabschlussplanung zählt zweifelsfrei zu den spannendsten Bereichen der vertrieblichen Tätigkeit. Bei der Erstellung bekennen der Vertriebsmitarbeiter und sein Verkaufsleiter „Farbe". Die vertrieblichen Anstrengungen münden in die konkrete Voraussage, welche Verkaufszyklen zu Abschlüssen gewandelt werden können. Die kurzfristige Vertragsabschlussplanung ist somit ein Maß für die Güte und Menge der vertrieblichen Vorarbeit.

Während des Planungsprozesses steht der Vertrieb unter Anspannung, denn letztlich geht es darum, verlässliche Aussagen abzuliefern. Kein

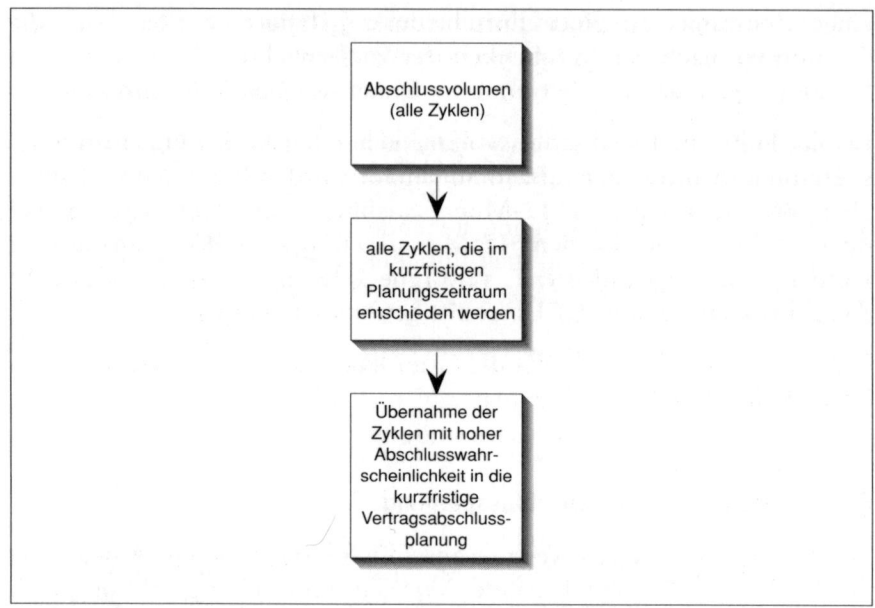

Abbildung 14: Prozess zur Entwicklung der kurzfristigen Vertragsabschlussplanung

Vertriebsmitarbeiter und kein Verkaufsleiter hat Interesse daran, Abschlüsse zu planen und die daraus entstehende Erwartungshaltung nicht erfüllen zu können.

Erwartungen nicht erfüllen zu können, oder Voraussagen zu treffen die später nicht eintreten, werden oftmals als Scheitern empfunden. Die Betroffenen geraten in Erklärungs- und Rechtfertigungssituationen, die je nach Ausgestaltung als unangenehm erlebt werden.

Neben der „objektiven" Einschätzung der möglichen Abschlüsse anhand des konkreten Abschlussvolumens beeinflussen eine Reihe weiterer Aspekte das Planungsverhalten des Vertriebsmitarbeiters. Diese sind

- das Grundverhalten des Planenden (Optimist, Pessimist)
- der aktuelle Zielerreichungsgrad des Vertriebsmitarbeiters (unter Plan, auf oder über Plan)
- die persönlichen Erfahrungen des Vertriebsmitarbeiters

- die Interessen des Vertriebsmitarbeiters (Bunkern, weil die Ziele schon erreicht sind, bevorstehender Wettbewerb)

- die Planungsgenauigkeit vorheriger Perioden (selbstbewusste Planung weil die Vorperioden genau waren, oder Zurückhaltung, da die Vorplanung nicht erwartungsgemäß eintrat)

- die Anzahl der zur Verfügung stehenden Zyklen (sind zu wenig vorhanden, neigt man dazu auch unsicher zu planen, damit überhaupt etwas in der Planung steht)

- die Beziehung des Planenden zum Vorgesetzten

- der Führungsstil im Verkaufsteam (muss der Planende mit unangenehmen Gesprächen bei Nichterfüllung rechnen, oder geht man konstruktiv miteinander um?)

Die kurzfristige Vertragsabschlussplanung zählt zu den Kernelementen des Vertriebssteuerungsprozesses. An ihr kann erkannt werden, wie Vertriebsmaßnahmen umgesetzt werden konnten, wie erfolgreich die Maßnahmen sind. Ferner finden die Auswirkungen der Verkaufstaktiken und der Strategien ihren Niederschlag in der kurzfristigen Vertragsabschlussplanung.

Nachdem der Prozess der kurzfristigen Vertragsabschlussplanung etabliert ist und angewendet wird, wird es leichter, die Abschlussplanung ins Verhältnis zu den tatsächlichen Abschlüssen zu setzen und dies Periode für Periode fortzuschreiben. Ähnlich wie bei der persönlichen Vertragsabschlussmessung kann ermittelt werden, wie viel Prozent der Prognose im Durchschnitt erreicht werden. Dieser Prozentsatz beschreibt die Planungsgenauigkeit. Bezieht man die tatsächlichen Abschlüsse noch auf das vorhandene Jahresabschlussvolumen, so kann sehr einfach ermittelt werden, wie viel Zyklen (Menge + Wert) geführt werden müssen, um ein gestecktes Ziel erreichen zu können.

Ebenfalls liefert die Planungsgenauigkeit einen guten Hinweis auf die Planung in der Produktion oder bei der Bestellung von Produkten. Je nach Anbieter empfiehlt es sich, die Planung zu verfeinern (Vertragsart, Kunden-/Zielmarktart, Produkte, Produktgruppen, usw.).

Üblicherweise wird die kurzfristige Vertragsabschlussplanung auf den kommenden Monat (1-Monats-Planung) beschränkt. Es empfiehlt sich jedoch für die Prognose auch die beiden Folgemonate (zweiter, dritter Monat) aufstellen zu lassen. Es ist zwar schon schwierig genug, eine Abschlussplanung für den kommenden Monat mit dem Anspruch hoher Planungsgenauigkeit zu erstellen, um so schwieriger ist es für die Folgemonate. Dennoch führt diese „Übung" dazu, dass die Prognosegenauigkeit insgesamt steigt, wenn man sich durch die noch intensivere Beschäftigung mit der Vorplanung übt. Des Weiteren zeigen die Folgemonate an, ob noch genug „Futter" vorhanden ist.

Die Ergebnisfortschreibung

Die Ergebnisfortschreibung, Kommentierung und Veröffentlichung stellt einen weiteren Bestanteil der Vertriebssteuerung dar. Dabei geht es um die Gegenüberstellung von IST–Ergebnissen (tatsächlich erwirtschafteten Ergebnissen) zu den SOLL–Ergebnisen (Plan-Ergebnissen), um den Grad der Planerfüllung (unter, auf oder über Plan) ermitteln zu können. In erster Linie erfüllt die Ergebnisfortschreibung eine Informationsfunktion.

Bei der Ergebnisfortschreibung ist nutzbringend zunächst die im aktuellen Berichtsmonat tatsächlich erwirtschafteten Ergebnisse mit den Plan-Zahlen zu vergleichen (IST in % zum Plan = SOLL).

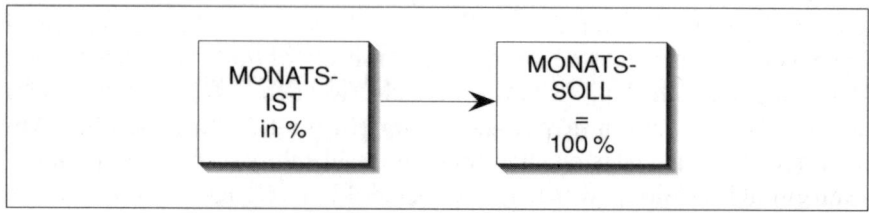

Abbildung 15: Vergleich tatsächliches Monatsergebnis (IST) zum Plan (SOLL)

Eine weitere Messung bildet dann der Vergleich zwischen dem tatsächlichen Ergebnis des aktuellen Monats mit dem tatsächlichem Ergebnis des Vormonats.

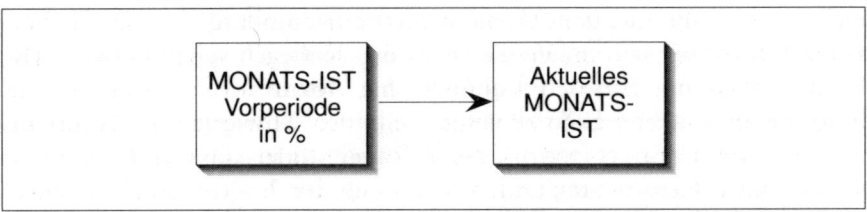

Abbildung 16: Vergleich tatsächliches Ergebnis aktueller Monat zum Ergebnis Vormonat

Anschließend wird das aufgelaufene Ergebnis-IST (kumuliertes tatsächliches Ergebnis) dem anteiligen SOLL seit Geschäftsjahresbeginn (oder Abrechnungszeitraumbeginn) gegenübergestellt.

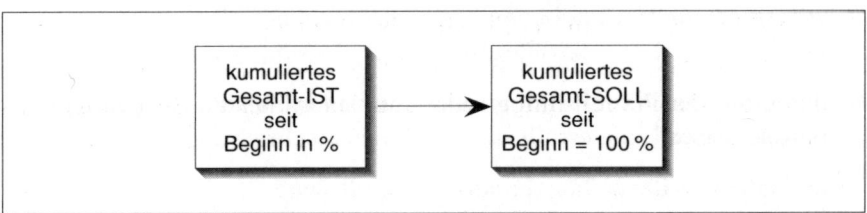

Abbildung 17: Vergleich kumuliertes tatsächliches Ergebnis zum kumulierten Plan

Diese Vorgehensweise ermöglicht den aktuellen Grad der Zielerreichung im Berichtsmonat, die Leistungsveränderung (Trend) gegenüber dem Vormonat, sowie das bislang erzielte Gesamtergebnis zu erkennen.

Die hier gezeigte Grundstruktur wurde beispielhaft ausgewählt. Die konkreten Vergleichszeiträume hängen von der jeweiligen Vertriebssituation ab.

Neben der notwendigen Informationsfunktion über das aktuelle Ergebnis sowie der Ergebnisentwicklung ermöglicht die Fortschreibung im Falle der Veröffentlichung, den Betroffenen sich mit anderen zu vergleichen (persönliches Benchmarking). Es dient somit auch der Selbststeuerung und Selbsteinschätzung von Vertriebsmitarbeitern.

Die Veröffentlichung von Vertriebsergebnissen wird üblicherweise in Form von Ranglisten durchgeführt. Die Veröffentlichungszeitpunkte stellen einen spannenden Moment im Vertriebsalltag dar, da die Vertriebsmitarbeiter sich im Vergleich zu den Kollegen sehen können. Die Veröffentlichung dieser Ergebnisse hat Motivationscharakter. Für ambitionierte Vertriebsmitarbeiter stellt der Moment der Veröffentlichung, wenn er sich in den oberen Rängen oder sogar auf Platz eins wiederfindet, Genugtuung und Befriedigung dar. Jedermann kann sehen, wie erfolgreich er ist. Findet man sich in den unteren Rängen wieder, setzen die meisten viel daran, sich von den unteren Rängen wieder nach oben zu arbeiten.

Um den Motivationscharakter sicherzustellen und zu fördern, ist es notwendig, dass die Abbildung von Rängen vergleichbare Kriterien als Grundlage haben. Dies ist für allem dann notwendig, wenn

▶ **individuelle Zielsetzungen vorliegen,**

▶ **verschiedene Verkäufertypen eingesetzt werden,**
(Standardkunden-, Großkunden-Vertriebsmitarbeiter)

▶ **Junioren oder Neueinsteiger während des laufenden Geschäftsjahres hinzukommen,**

▶ **im laufenden Geschäftsjahr umstrukturiert wurde.**

Möglicherweise sind mehrere Ranglisten zu führen. Dies ist aber unbedingt notwendig, um die Vergleichbarkeit und den Motivationseffekt für die Vertriebsmannschaft aufrecht zu erhalten.

Erkenntnisgewinn – ein Beispiel

Neben der Managementfunktion von Vertriebssteuerungssystemen bilden die im Steuerungssystem über längere Zeiträume erhoben Daten eine gute Basis für Vertriebserkenntnisse, vor allem für solche, die für die eigene Organisation und für die individuelle Marktsituation gelten. Auch wenn diese Erkenntnisse dann nicht verallgemeinerbar sind, so sind sie doch für die eigene Vertriebsorganisation sehr wichtig, da das Verständnis für die individuellen Zusammenhänge gefördert wird.

Exemplarisch soll im folgenden Beispiel die Verlässlichkeit der Abschlussplanung anhand der Kombination der Steuerungsinstrumente *Anzahl persönliche Besuche* und *aktueller Zielerreichungsgrad* dargestellt werden.

Nehmen wir vier Standard-Situationen an, die Aufschluss über die Verlässlichkeit der Abschlussplanung geben sollen:

▶ Situation 1
Ausgangslage: Der Vertriebsmitarbeiter liegt unter Plan, Anzahl der persönlichen Besuche ist gering im Vergleich zum Durchschnitt (und zur Vorgabe)
Ergebnis: Die Verlässlichkeit der Abschlussplanung (Prognosegenauigkeit) ist gering.
Mögliche Erklärung: Der Vertriebsmitarbeiter muss Ergebnislücke und aktuelles Teilziel erreichen. Die niedrige Besuchszahl lässt den Verkaufserfolg nicht zu.

▶ Situation 2
Ausgangslage: Der Vertriebsmitarbeiter liegt über Plan, Anzahl der persönlichen Besuche ist gering im Vergleich zum Durchschnitt (und zur Vorgabe).
Ergebnis: Die Verlässlichkeit der Abschlussplanung ist gering, es kommt zu wechselhafter Prognosegenauigkeit.
Mögliche Erklärung: Rettung über Einzelgeschäfte wegen der niedrigen Besuchszahl.

▶ Situation 3
Ausgangslage: Der Vertriebsmitarbeiter liegt unter Plan, die Anzahl persönlicher Besuche ist hoch im Vergleich zum Durchschnitt (und zur Vorgabe).
Ergebnis: Die Verlässlichkeit der Planung nimmt stetig zu.
Mögliche Erklärung: Es stellen sich aufgrund der hohen Besuchszahl Verkaufserfolge ein, es werden weniger „gute Hoffnungshütten" geplant, die Erfahrung nimmt zu.

▶ Situation 4
Ausgangslage: Der Vertriebsmitarbeiter liegt über Plan, die Anzahl persönlicher Besuche ist hoch im Vergleich zum Durchschnitt (und zur Vorgabe).
Ergebnis: Hohe Verlässlichkeit in der Planung.
Mögliche Erklärung: Es müssen keine „Luftschlösser" geplant werden, die Besuchsfrequenz ermöglicht die Abschlüsse.

Aus den ermittelten Ergebnissen ließen sich nun wiederum konkrete Maßnahmen ableiten, um die Verlässlichkeit in der Planung zu erhöhen. Im hier genannten Beispiel scheint die Besuchsfrequenz ausschlaggebend für die Prognoseverlässlichkeit zu sein.

KURZCHECK

○ Ein funktionierendes Vertriebssteuerungssystem setzt ein Reporting (Berichtssystem) voraus.

○ Ein Vertriebssteuerungssystem sollte einen Nutzen für alle Beteiligten mit sich bringen.

○ Die Identifikation messbarer Schlüsselerfolgsfaktoren ist eine Voraussetzung bei der Entwicklung eines Vertriebssteuerungssystems.

○ Die vorvertraglichen Erfolgsfaktoren zu kennen heißt, diese führen und somit die Erfolgswahrscheinlichkeit erheblich erhöhen zu können.

○ Die kurz- und mittelfristige Vertragsabschlussplanung sowie die Ergebnisanalyse bilden das Herzstück des Vertriebssteuerungssystems.

○ Können Sie sich damit anfreunden, regelmäßig Vertragsabschlüsse planen zu müssen?

Das Tagesgeschäft des Vertriebsmitarbeiters

Die Zeit ist knapp bemessen

Oft schon nach kurzer Zeit ihrer Tätigkeit stellen viele Vertriebsmitarbeiter fest, dass der Arbeitstag viel zu kurz erscheint, um alle anfallenden Aufgaben umfassend abzuarbeiten. Es bleibt immer etwas liegen und man sagt sich: „Eigentlich kann ich jetzt noch nicht nach Hause gehen." In der Tat ist es so, dass die Aufgaben für Vertriebsmitarbeiter sehr umfassend sind und die zur Verfügung stehende Zeit zu knapp ist, um alles erledigen zu können. Die zunehmende Autonomie von Vertriebsmitarbeitern, bedingt durch die allgemeine Veränderung im Führungsstil, die Übertragung von Verantwortung auf den Vertriebsmitarbeiter, führt auch zur Erweiterung des konkreten täglichen Aufgabenspektrums.

Zu den üblichen Aufgaben eines Vertriebsmitarbeiters zählen Akquisition, persönliche Kundenbesuche, Angebote erstellen (zunehmend auf eigenem PC oder Laptop), Präsentationen vorbereiten und durchführen, Reklamationen bearbeiten, Messen vorbereiten, Akquisitionspläne erarbeiten, Kundendatenbank pflegen und aktualisieren, Verträge ausfüllen, Bedarfsanalysen aufbereiten, Spesenabrechnungen, Verträge administrieren, Lieferungen überwachen, Provisionen ermitteln, Abstimmung mit dem Innendienst, Zusammenarbeit mit dem Service, Entwicklung von Konzepten, Aufbereitung der Daten für das Reporting-System, Gespräche mit Vorgesetzten und Kollegen, E-Mails abrufen, bearbeiten und versenden, Informationen lesen, Preislisten aktualisieren, eigenes Vertriebshandwerkszeug pflegen und aktualisieren, usw. Hinzu kommen wiederkehrende Veranstaltungen, die entsprechend vorbereitet bzw. durchgeführt müssen. Dazu zählen Jahres-Meetings, Trainings- und Weiterbildungsmaßnahmen sowie Sonderprojekte, z. B. Planung und Durchführung einer Open-House-Veranstaltung.

Um sich selbst in dieser Aufgabenvielfalt nicht zu verzetteln, ist es wichtig, von Zeit zu Zeit eine eigene Standortbestimmung vorzunehmen, sich darüber bewusst zu werden, ob die knappe Arbeitszeit im Sinne eines Prioritätenmanagements richtig ausgenutzt wird. Für den Berufseinsteiger ist dies besonders wichtig, da aufgrund mangelnder Erfahrung und Routine die Wirksamkeit in der konkreten Kundenarbeit noch nicht so hoch ist (Erfahrungskurve) und noch nicht klar ist, welche Aufgabenkomplexe mit geringerer Intensität dennoch ausreichend Beachtung finden.

Gesamtziele herunterbrechen – kleine Schritte sind einfacher

Neben dem Verkaufsziel existieren eine Reihe weiterer, vor allem qualitativer Zielsetzungen, die – heruntergebrochen – es dem Vertriebseinsteiger einfacher machen, sich in die Aufgabe hineinzufinden. Dies gilt zum Beispiel für die einzelnen Phasen des Verkaufszyklus. Es macht wenig Sinn, von Anfang an den Vertragsabschluss ohne Zwischenschritte als Zielsetzung festzulegen. Dabei können leicht Enttäuschung und das Gefühl der Überforderung entstehen, die der Motivation abträglich sind. Es ist vielmehr hilfreich, wenn sich der Vertriebs-Junior in Zusammenarbeit mit seinem Vorgesetzten oder Coach Zwischenziele steckt, z. B. Anzahl der Termine pro Akquisitionstag, um Teilerfolge erzielen zu können. Teilerfolge motivieren und helfen, sich dem Hauptziel, dem Verkaufsziel, schrittweise nähern zu können.

Wie setze ich Zielvorgaben um?

Entscheidend für die Umsetzung der Zielvorgaben ist, dass diese konkret und nachvollziehbar sind. Sie müssen einen inhaltlichen und einen Zeitbezug besitzen. Prüfen Sie, inwieweit die Zielvorgaben in Zwischen- oder Teilziele untergliedert werden können. Dies sollte in Abstimmung und mit Unterstützung Ihres Vorgesetzten oder Coaches erfolgen. Nachdem diese Zielfestlegung erledigt ist, sollten nachvollziehbare und messbare Pläne entwickelt werden. Im Rahmen einer Jahres-Verkaufsplanung werden die Teilziele und die entsprechenden Maßnahmen schriftlich festgehalten und Zeitpunkte festgelegt, zu denen man einen Soll-Ist-Vergleich mit dem Vorgesetzten oder dem Coach bespricht. Es bietet sich prinzipiell der Monatszeitraum an, da dies in der Regel auch einer Ergebnisperiode entspricht.

Im Rahmen des Soll-Ist-Vergleichs werden die Ergebnisse ausgewertet, eventuell Maßnahmenkorrekturen vorgenommen und Tätigkeitsbereiche mit konkreten weiterführenden Unterstützungsaktionen festgelegt.

Mein persönliches Controlling

Neben dem in der Vertriebsorganisation etablierten Vertriebssteuerungssystem, aus dem der Vertriebsmitarbeiter Informationen über seine eigenen Ergebnisse erhält, ist es für den Vertriebs-Junior hilfreich, wenn er sich parallel dazu ein persönliches Controlling-System aufbaut. Dieses selbst entwickelte Controlling hat den Vorteil, dass es sich individuell ausrichten lässt.

In das persönliches Controlling-System können die individuellen Teilziele und Ergebnisse übernommen werden. Unabhängig vom „offiziellen" terminlich festgesetzten Gesprächszeitpunkt hat der Vertriebsmitarbeiter auch schon zwischendurch die Möglichkeit, den Fortgang seiner Maßnahmen und den Abgleich zwischen SOLL und IST durchzuführen.

Hinsichtlich der Aufgabenvielfalt, mit der Vertriebsmitarbeiter konfrontiert sind, ist ein persönliches Controlling schon fast unerlässlich, um sicherzustellen, dass die knappe Zeit tatsächlich optimal genutzt wird. Entscheidend ist, dass sich der Vertriebsmitarbeiter eine Systematik schafft, nach der er sein Bezirksmanagement durchführt. Dazu zählt auch die Organisation seiner „Ablage". Praktikabel ist, dass er sich ein Ordnersystem aufbaut, damit die Einzelprojekte nicht den Schreibtisch „verstopfen". Jedes nicht vollständig erledigte Projekt, das aber auf dem Schreibtisch sichtbar ist, signalisiert Arbeit. Ist der Schreibtisch zu voll gepackt, läuft der Vertriebsmitarbeiter Gefahr, sich – im wahrsten Sinne des Wortes – zu verzetteln und zu „wursteln".

Üblicherweise wird dieser Themenkomplex unter dem Begriff „Zeitmanagement" abgehandelt. Bücher und Veröffentlichungen in Fachzeitschriften zu diesem Thema können Ihnen nutzbringende Hilfestellungen geben.

Die Klippen des Tagesgeschäfts erfolgreich umschiffen

Im Tagesgeschäft gibt es nicht nur Erfreuliches oder Dinge zu erledigen, die man selbst als sinnvoll erachtet, sondern es tauchen gelegentlich auch Hindernisse auf, die als lästig, hemmend oder sogar belastend empfunden werden. Dazu zählen z. B. Schwierigkeiten in der Abstimmung zwischen Innen- und Außendienst, Kundenreklamationen bei fehlerhafter oder unvollständiger Lieferung, der „Formularkrieg" bei administrativen Tätigkeiten, usw.

Konstruktiver Umgang mit Hindernissen – die halbe Miete

Der Vertriebsmitarbeiter muss – aus seinem Blickwinkel betrachtet – Dinge erledigen, die nicht unmittelbar dem Geschäftsabschluss zugeordnet werden können. Manchmal erfordern diese Tätigkeiten sogar wertvolle verkaufsaktive Zeit.

Diese zusätzlichen Tätigkeiten werden dann als überflüssig, lästig, hinderlich oder als Zumutung empfunden, weil sie nicht zur Hauptaufgabe, Verträge zu schließen, gerechnet werden.

 „... Wie soll ich denn Abschlüsse machen, wenn ich durch zusätzliche Tätigkeiten permanent daran gehindert werde, Kundenbesuche wahrzunehmen?"

Auf der anderen Seite ist es auch richtig, dass nicht zum Geschäft zählende Tätigkeiten als willkommene Abwechslung zur harten Vertriebsarbeit herangezogen werden. Es ist wie beim Lernen für die Mathearbeit, erst einmal muss das Zimmer aufgeräumt werden ... Die zusätzlichen Tätigkeiten, Umstände oder Hindernisse dienen dem Vertriebsmitarbeiter als Ablenkung.

Das ist solange akzeptabel wie es einem bewusst ist. Kritisch wird es allerdings dann, wenn die zusätzlichen Tätigkeiten und Hindernisse als Vorwand für Misserfolg herangezogen werden. Diese Zusammenhänge sollen in den folgenden drei Beispielen deutlicher werden.

Beispiel 1: Administration

Vertriebsadministrative Tätigkeiten sind die „Klassiker" unter den Hindernissen im Tagesgeschäft. Selbst renommierte Unternehmensberatungen stürzen sich immer wieder auf dieses Thema mit der Annahme, dass der Vertrieb viel zu viel administrative Tätigkeiten zu bewältigen hat und dadurch die Produktivität zu sehr leidet.

Zu den administrativen Tätigkeiten im Vertriebsaußendienst zählen unter anderem:

▶ **das Ausfüllen von Verträgen und Begleitformularen zur Bearbeitung im Verkaufsinnendienst,**

▶ **die Bearbeitung von Reklamationen,**
(z. B. unpünktliche Auslieferung)

▶ **die Aufbereitung von Adressmaterial,**
(z. B. für Kundeneinladungen zur Messe)

▶ **die regelmäßige Aufbereitung der Reportingunterlagen,**

▶ **die Begleitung und Überwachung der Kundenlieferung.**

Prinzipiell kostet dem Vertriebsmitarbeiter die Erledigung dieser Tätigkeiten wertvolle verkaufsaktive Zeit. Deshalb ist die konsequente Reduzierung von administrativen Aufgaben für den Vertrieb eine erforderliche und stetige Managementaufgabe. Jede Entlastung verschafft dem Vertrieb Zeit, um sich seiner Hauptaufgabe zu widmen.

Die Vertriebspraxis ist dadurch gekennzeichnet, dass die Erfolge in einer Vertriebsmannschaft normal verteilt sind, das heißt, die meisten erreichen die erwarteten Ergebnisse, einige wenige erreichen außergewöhnliche Spitzenerfolge und einige wenige liegen deutlich unter dem Durchschnitt.

Die besonders erfolgreichen Vertriebsmitarbeiter realisieren, im Gegensatz zu den „normal" oder „weniger" erfolgreichen Kollegen eine deutliche höhere Anzahl von Verträgen, die ihrerseits einen deutlich höheren Aufwand für administrative Tätigkeiten nach sich ziehen.

Wenn also die Administration als hemmend eingestuft wird, wie ist es dann möglich, dass die besonders erfolgreichen Vertriebsmitarbeiter trotz administrativem Mehraufwand so erfolgreich sein können? Es könnte also gut möglich sein, dass die notwendige Administration auch schon einmal als Vorwand „genutzt" wird, um zeitweilige Erfolglosigkeit zu kaschieren und die Schuld dafür auf den hohen Administrationsaufwand zu schieben.

In diesem Fall manövriert sich der Vertriebsmitarbeiter in einen Teufelskreis, in dem sich zunehmende Frustration und Erfolglosigkeit gegenseitig aufschaukeln. In einer solchen Situation ist es sehr wichtig, dass die Vertriebsführung dies frühzeitig erkennt und den Vertriebsmitarbeiter unterstützt, wieder aus dieser Situation herauszukommen.

Um einer solchen Situation vorzubeugen, könnte der Vertriebsmitarbeiter besonders erfolgreiche Kollegen fragen wie sie sich organisieren. Wie erledigen sie effizient die administrativen Tätigkeiten? Die regelmäßige Überprüfung des eigenen Zeit- und Prioritätenmanagements ist ebenfalls eine vorbeugende Maßnahme. Viele Unternehmen bieten zu diesem Thema „Zeitmanagement-Seminare" an.

Beispiel 2: Der Preis

 „Schon wieder habe ich einen Auftrag verloren, weil der Wettbewerb billiger war als wir, ich weiß gar nicht mehr, was ich noch anbieten soll ..."

Das Preisargument stellt einen weiteren „Klassiker" für Hindernisse im Tagesgeschäft dar, vor allem in hart umkämpften Verdrängungsmärkten. Um das Phänomen des Preisarguments besser verstehen zu können, ist es wichtig, sich mit der Bedeutung des Preises im Marktumfeld eingehender zu beschäftigen.

Grundsätzlich bildet der Preis ein Mittel zur Wertmessung der Leistung, er ist der in Geldwert ausgedrückte Leistungsumfang. Die Kunden sind bemüht, die angebotene Leistung in ein Verhältnis zum angebotenen Preis zu setzen, um ermitteln zu können, ob die angebotene Leistung dem Wert des Preises entspricht oder womöglich zu teuer erscheint.

Dies ist für den Kunden dann relativ schwierig, wenn die Leistung nur von einem Anbieter erbracht werden kann und der Kunde letztlich keine Möglichkeit hat, die gleiche oder eine vergleichbare Leistung bei einem anderen Anbieter einzukaufen, beziehungsweise den Preis mit der Leistung von zwei oder mehreren Anbietern vergleichen zu können. Der potenzielle Kunde ist im Entscheidungsfindungsprozess bemüht, die angebotene Leistung auch mit der des Mitbewerbers zu vergleichen. Dabei sucht er nach einheitlichen Vergleichskriterien innerhalb des Leistungsumfangs.

Je transparenter der Leistungsumfang in einem Markt ist, umso einfacher hat es der Kunde, die für ihn wichtige Vergleichbarkeit herzustellen. In Verdrängungsmärkten herrscht in der Regel eine sehr hohe Preistransparenz vor.

Hat der Kunde die Vergleichbarkeit hergestellt, beeinflussen noch weitere Aspekte seine Entscheidung: die Zuverlässigkeit, der Marktanteil und die Innovationsfreudigkeit des Anbieters, die persönliche Vorgehensweise des Vertriebsmitarbeiters in der Vorvertragsphase und das Image des Anbieters. Zu den objektiven Kriterien kommen persönliche Präferenzen des Kunden hinzu.

Stellen Sie sich den Kauf ihres letzten Pkws vor. Obwohl zuerst objektive Vergleichskriterien wie PS, Verbrauch, Steuern, Kaufpreis analysiert werden, kommen in der Entscheidungsphase persönliche Präferenzen hinzu: Wie hat sich der Verkäufer verhalten, welchen Eindruck hat das Autohaus und die Werkstatt auf mich gemacht, welches Markenimage haben die Pkws, welches Auto fährt der Nachbar? Im welchem Auto habe ich mich bei der Probefahrt am wohlsten gefühlt und den größten Fahrspaß gehabt?

Alle diese zumeist subjektiven Kriterien können nicht ausgeschaltet werden. Plötzlich entscheidet man sich für den VW-Golf, obwohl objektiv das Preis-Leistungs-Verhältnis eines anderen Herstellers besser war. Trotzdem hat man keine Fehlentscheidung, sondern vielmehr eine vertretbare wirtschaftliche Entscheidung getroffen.

Solche Entscheidungsfaktoren spielen auch bei der Beschaffung von Investitionsgütern eine Rolle.

Nach der gefällten Entscheidung hat der Entscheider nun die angenehme Aufgabe, dem präferierten Anbieter eine Zusage zu erteilen, und die schon schwierigere Aufgabe den anderen Anbietern, die sich ja auch um ihn als Kunden bemüht haben, eine Absage erteilen zu müssen. Das fällt dem Entscheider nicht immer leicht, vor allem wenn die Beziehungsebene gut ist.

Hinzu kommt aber noch, dass der Entscheider damit rechnen muss, dass engagierte Vertriebsmitarbeiter auch bei einer Absage wahrscheinlich nicht aufgeben und nachhaken und womöglich wieder einen Einstieg finden können, um die Entscheidung zu ihren Gunsten zu kippen.

Genau das aber möchte der Entscheider vermeiden und das für ihn unbequeme Gespräch möglichst schnell beenden, denn für ihn ist der Fall ja erledigt. Der Preis als Entscheidungskriterium ist objektiv und muss vom Vertriebsmitarbeiter letztlich akzeptiert werden. Der Entscheider verdeckt somit seine persönlichen Präferenzen und schiebt den Preis vor. Damit glaubt er, niemandem weh zu tun.

Für den Entscheider hat sich sein Argument „Sie waren schlichtweg zu teuer, deshalb musste ich den Auftrag anderweitig vergeben" als sehr wirkungsvoll erwiesen. Es zieht einen Schluss-Strich unter die Verhandlungsphase. Hinzu kommt, dass man den Kunden selten befragt warum man eigentlich den Auftrag erhalten hat. In der Praxis gewinnt man einen Auftrag eher seltener aufgrund des Preises, sondern wegen der überzeugenden Gesamtleistung und somit der Gesamtwirtschaftlichkeit.

Der Vertriebsmitarbeiter reagiert frustriert, weil er vermeintlich am Preis gescheitert ist, er beginnt möglicherweise an der Leistungsfähigkeit des eigenen Unternehmens zu zweifeln, denn in der Regel wird die Entscheidung des Kunden nur dann hinterfragt, wenn man eine Absage erhält. Dies ist schon deprimierend genug, vor allem, wenn man sich sehr um den Kunden bemüht hat. Dann aber als Begründung das Preisargument zu hören, macht hilflos und der Preis nimmt schließlich einen höheren Stellenwert ein als zuvor angenommen.

Es ist also ratsam, nicht immer dem Preisargument zu folgen und sich darüber im Klaren zu sein, dass man selbst viele Aufträge nicht wegen des Preises erhält, sondern aufgrund der Gesamtleistung und Wirtschaftlichkeit.

Natürlich ist es immer so, dass man auch Aufträge nicht erhält, weil das Leistungsangebot zu teuer war. Aber dadurch, dass man sich immer wieder die Situation des Kunden vor Augen führt, wird der „Preisdämon" schon etwas kleiner.

Beispiel 3: Das eigene Unternehmen

Ebenso hinderlich und belastend wie die Administration und der Auftragsverlust mit dem Preisargument ist für den Vertriebsmitarbeiter eine schlechte Presse über das eigene Unternehmen. Übernahmen, Aufkäufe, strukturelle Veränderungen sind heute an der Tagesordnung.

Fast kein Großkonzern bleibt heute von derartigen Aktionen verschont. Das beeinflusst die Stimmung im Vertrieb erheblich, vor allem dann, wenn der Wettbewerb seinerseits sinnvolle Veränderungen als Konsequenz der schwierigen Unternehmens- oder Marktsituation lanciert.

„Wenn das unsere Kunden lesen, kauft uns doch keiner mehr was ab …" oder „… das schlachtet der Wettbewerb jetzt richtig aus …" sind Reaktionen von Vertriebsmitarbeiten, die mit schlechter Presse über das eigene Unternehmen konfrontiert werden. Derartige Nachrichten führen dazu, dass Vertriebsmitarbeiter verunsichert werden, dass sie befürchten, sich vor Kunden rechtfertigen zu müssen, dass Aufträge ausbleiben können, dass der Vertrieb und letztlich das ganze Unternehmen sehr stark mit sich selbst beschäftigt ist. Angst um die Sicherheit des eigenen Arbeitsplatzes bis hin zu fundamentalen Existenzängsten führen zu einem Stimmungstief und zur Demotivation. Aufgrund schlechter Presse wird ein Umsatzrückgang erwartet, der die Situation dann noch weiter verschlechtern könnte.

Es könnte aber auch das Gegenteil eintreten. Wenn der Vertrieb und die Unternehmensleitung in die Offensive gehen und die Kunden direkt über den Sachstand, über die Perspektiven für das Unternehmen informieren sowie auf der kaufmännischen Seite dem Kunden Sicherheiten einbauen (sofern erforderlich), kann einer solch kritischen Situation wirkungsvoll entgegengetreten und ein Umsatzrückgang vermieden werden.

Der ein oder andere Kunde mag jetzt erst recht Geschäfte abschließen, denn objektiv ist das Risiko für ihn gering. Sollte das Unternehmen seine Leistung nicht ausreichend erbringen und sich die Situation verschärfen, hat er das Ausstiegsrecht aus dem Vertrag (BGB Schlechtleistung). Im Falle des Ausstiegs kann er unter Umständen wirtschaftliche Vorteile herausholen. Sollte dieser Fall hingegen nicht eintreten, ist alles in bester Ordnung.

Dies gilt natürlich nicht für jede kritische Unternehmenssituation, dennoch ist es von entscheidender Bedeutung erst einmal Ruhe zu bewah-

ren, die Chancen auszuloten und konkrete Kunden- und Mitarbeiter-
aktionen durchzuführen.

Wichtig für den einzelnen Vertriebsmitarbeiter ist, sich nicht von Kollegen mit allzu pessimistischer Einstellung anstecken zu lassen. Um den
Kunden gegenüber selbstbewusst auftreten zu können, sollten Vorge-
setzte und Vertriebsmitarbeiter gemeinsam eine der Situation angemes-
sene und schlüssige Argumentation entwickeln.

Die folgende Aufzählung stellt einige Möglichkeiten vor, um mit Hindernissen besser umgehen zu können:

- Bei auftretenden Hindernissen sollten Sie gedanklich aus dem Tagesgeschäft aussteigen und nach den „Knackpunkten" suchen.

- Überlegen Sie, welches die Ursachen für die Hindernisse sind. Suchen
Sie nach Lösungen. Nehmen Sie sich dafür Zeit, um am Ende Zeit zu
sparen.

- Fragen Sie erfahrene Kollegen oder Ihren Vorgesetzten um Rat.

- Wenn etwas prinzipiell „holpert", machen Sie konstruktive Verbes-
serungsvorschläge.

Konfliktpotenziale im Vertriebsprozess

Der konstruktive Umgang mit Hindernissen ist eine Voraussetzung, um
die auftretenden Schwierigkeiten im Tagesgeschäft zu meistern. Der
Wunsch, hindernisfrei seiner Tätigkeit nachgehen zu können, wird
höchstwahrscheinlich ein Wunsch bleiben, denn Probleme oder Hindernisse sind nicht hundertprozentig zu eliminieren, sie sind vielmehr
Bestandteil des Ganzen. Dort wo Menschen zusammenleben oder
-arbeiten entstehen Konfliktpotenziale und konkrete Konflikte. Durch
die Zunahme an Verantwortungsübertragung auf den Einzelnen und
die dadurch bedingt steigende Komplexität in der Aufgabenstellung
wird die Konfliktbearbeitung und -bewältigung zunehmend wichtiger.
Konflikte verschlechtern die Produktivität. Die Produktivitätsver-
schlechterung führt zum Kostenanstieg ... usw.

Der Vertriebsaußendienst (Vertriebsmitarbeiter, Verkaufsleiter) arbeitet
mit einer Reihe von weiteren Abteilungen bzw. Bereichen des Unter-

nehmens direkt zusammen. An den Berührungspunkten zwischen Vertrieb und anderen Bereichen liegen strukturell bedingte Konfliktpotenziale verborgen.

Der Aufdeckung von Konfliktpotenzialen sowie der Eindämmung oder Vermeidung kommt immer größere Bedeutung zu. Konflikte hemmen die Zusammenarbeit, können die Schlagkraft einer Organisation schwächen und wirken sich negativ auf den Kunden aus. Konflikte kosten Kraft und Zeit und lenken von den Hauptaufgaben ab. Die aktuellen Marktveränderungen erfordern jedoch die stetige Verbesserung der Schlagkraft von Organisationen. Ganz abgesehen von der sozialen Verpflichtung können es sich die meisten Organisationen schlichtweg nicht mehr leisten den Konfliktpotenzialen und ihrer Bearbeitung keine Beachtung zu schenken.

Konflikte zwischen Kollegen oder Abteilungen und Bereichen sind normal – sie gehören zum Berufsalltag. Man sollte sich jedoch die Ursachen für Konflikte bewusst machen. Sie liegen meist in

- gegenteiligen bzw. unterschiedlichen Einzelinteressen,
- unterschiedlichen Meinungen oder Einstellungen,
- unterschiedlichen Einkommen,
- Sympathie oder Antipathie oder
- Abhängigkeiten

begründet.

Konfliktpotenziale oder offene Konflikte zwischen Abteilungen oder Bereichen können durch

- geographische Trennung (z. B. Verkaufsteam in Bochum, Innendienst in Stuttgart),
- Ressortdenken,
- ausgeprägtes Gruppenzugehörigkeitsgefühl der Mitarbeiter

noch verstärkt werden.

Der konstruktive Umgang mit Konflikten hängt von der Einstellung der Führungskräfte, dem allgemeinen Konfliktmanagement im Unternehmen sowie von der Konfliktfähigkeit des Einzelnen ab.

Im Folgenden werden einige „typische" Konflikte, deren Ursachen und Motive sowie Lösungsansätze erläutert.

Konflikte innerhalb der Vertriebsmannschaft

Konflikte zwischen Vertriebsmitarbeitern sind hemmend und nervend, weil es immer wieder zu Diskussionen zwischen Vertriebsmitarbeitern und Vorgesetzten kommt. Diese Gespräche nehmen wertvolle Zeit in Anspruch. Es müssen faire Kompromisse gefunden werden, die für alle Betroffenen akzeptabel sind. Dies kostet Zeit und Kraft.

Mögliche Ursachen

Ein häufig auftretender Konflikt innerhalb der Vertriebsmannschaft entsteht durch die Art der Marktbearbeitung, nämlich dann, wenn die Abgrenzung der zugeordneten Kunden bzw. Interessenten zwischen den einzelnen Vertriebsmitarbeitern nicht präzise und klar verständlich geregelt ist.

Wenn die Regelung der Zuordnung nicht eindeutig ist, fühlt sich mehr als ein Vertriebsmitarbeiter für einen Kunden verantwortlich und es kommt zum Streit über die Zuständigkeit, denn letztlich stellt der Kunde für den Vertriebsmitarbeiter auch eine „Einkommensquelle" dar. Die nach Vertragsabschluss fällig werdenden Prämien oder Provisionen werden zum Streitpunkt.

▷ **Die Bezirksform, bei der obiger Konflikt nicht entstehen kann, bzw. das Konfliktpotenzial äußerst niedrig ist, ist der geographisch begrenzte Verkaufsbezirk (Postleitzahlen, Länder- oder Stadtgrenzen), in denen ein Vertriebsmitarbeiter für das Gesamtgeschäft verantwortlich ist (alle Kunden/Interessenten, alle Produkte).**
Je komplexer das Marktumfeld und das Leistungsangebot eines Anbieters ist, desto schwieriger wird es sein, die genannte „Reinform" beizubehalten, es wird zu Mischformen kommen müssen.

Bei allen anderen Bezirksformen sind Konfliktpotenziale strukturell bedingt:

▷ **Bezirk nach Kundenart**
Die exakte Abgrenzung von Kundenarten (z. B. Großkunden, Behörde) ist äußerst schwierig klar zu regeln. Nicht immer ist z. B. eindeutig, was im Fall des Behördenverkäufers letztlich eine Behörde ist. Legt man die Haftungsfrage oder die Gesellschaftsform zugrunde (z. B. Bielefelder Stadtwerke GmbH)?

▶ **Marktbearbeitung nach Produkten bzw. Produktgruppen**
Erfordert das Leistungsangebot des Anbieters aufgrund der Vielzahl
der Produkte (oder Produktgruppen) bei der Vermarktung Spezial-
wissen und somit die Spezialisierung im Vertrieb, d. h. die Aufteilung von Produkten bzw. Produktgruppen auf einzelne Vertriebsmitarbeiter (Spezialisten), bedeutet dies, dass möglicherweise ein
Kunde von mehreren Vertriebsmitarbeitern des gleichen Anbieters
betreut wird. Dann wird es erforderlich, dass die Vertriebsmitarbeiter ihre Vorgehensweise aufeinander abstimmen, damit vor allem
gegenüber den Kunden keine widersprüchlichen oder abweichenden
Aussagen getätigt werden, denn dies verschlechtert die Abschlusschancen erheblich (Vertrauen). Die Abstimmung erfordert Zeit und
Kompromissbereitschaft. Sollte eine Abstimmung nicht durchgeführt werden, ist der Konflikt vorprogrammiert.

Die Festlegung der Bezirksstrukturen leitet sich aus der Marktbearbeitungsstrategie ab, wobei die Marktbearbeitungsstrategie an den übergeordneten Unternehmenszielen ausgerichtet wird (betriebswirtschaftliche
Ebene).

Aufgrund der hohen Kosten, die der Direktvertrieb verursacht, liegt die
Hauptzielsetzung bei der Findung der besten Marktbearbeitungsstrategie darin, die Effizienz des Vertriebs optimal zu gestalten (Vertriebs-
produktivität). Die dann zu entwickelnden Verkaufsbezirksstrukturen
werden an betriebswirtschaftlichen und soziologischen Kriterien (Vermeidung von Vertriebskonflikten) ausgerichtet. Dem Ausloten möglicher Konfliktpotenziale kommt demnach eine sehr hohe Bedeutung zu.
Es gilt, Vertriebskonflikte zu vermeiden, sofern diese nicht gewollt und
kontrollierbar sind.

Bezirksstrukturen, die unkontrollierbare Konflikte zulassen, können
das Unternehmen gefährden und zu erheblichen Einbußen (Umsatzrückgang, Kundenverlust, Mitarbeiterverlust) führen.

So hat beispielsweise ein Top-Manager nach der Übernahme eines anderen Unternehmens die Vertriebsmannschaft durch die Zusammenlegung verdoppeln können und jedem Vertriebsmitarbeiter die Möglichkeit eingeräumt, das gesamte Produktportfolio an jeden Kunden verkaufen zu können. Er versprach sich von dieser Art der Marktbearbeitung Synergie-Effekte im Vertrieb. Tatsächlich entbrannte ein nicht mehr kontrollierbarer Konflikt zwischen den einzelnen Vertriebsmitarbeitern, der dazu führte, dass Vertriebsmitarbeiter das Unternehmen verließen, Kunden keine Anschlussverträge mehr abschlossen und der Gesamtumsatz in dieser Phase zurückging.

Auf der anderen Seite spricht auch etwas dafür, bei der Marktbearbeitung einen kontrollierten Konflikt zuzulassen, denn es könnte dazu führen, dass durch die leichte Konkurrenzsituation zwischen den Vertriebsmitarbeitern die Einsatzbereitschaft steigt und die Potenzialausbeute höher ist. Bei einer solchen leichten Konkurrenzsituation sollten jedoch nicht mehr als zwei Vertriebsmitarbeiter auf das gleiche Potenzial zugehen.

Es zeigt sich immer wieder, dass bei Ausscheiden eines Vertriebsmitarbeiters und die anschließende Übernahme des Bezirks durch einen anderen Vertriebsmitarbeiter, die Ausbeute in diesem konkreten Bezirk ansteigt. Der Grund dafür dürfte sein, dass der „Neue" unvoreingenommen auf die Kunden bzw. Interessenten zugeht, noch keine Beziehungssituationen (gute wie schlechte) entstanden sind, und bei der Bezirksbearbeitung noch nicht „betriebsblind" ist.

Lösungsansätze

Vertriebskonflikte lassen sich nie ganz vermeiden – es gibt aber eine Reihe geeigneter Maßnahmen zur Eindämmung:

▶ **Regeln für die Zusammenarbeit**
Bei der Festlegung der Regeln für die Zusammenarbeit, werden die Vertriebs- bzw. Kundensituationen geregelt, bei denen es zu Konflikten kommen kann. Es werden faire Regeln für die Vertriebsmitarbeiter formuliert (Wer macht was? Was hat der andere davon? Wo geht man allein, wo gemeinsam vor? Wie wirkt sich das auf die Ergebnisabbildung und auf das Einkommen aus?).

Unklare oder nicht eindeutige Regeln werden aufgrund persönlicher Interessen des Vertriebsmitarbeiters zum eigenen Vorteil ausgelegt, und es kann zu erneuten Auseinandersetzungen kommen.

Der Vertriebsleiter findet sich plötzlich in der Rolle des Schlichters wieder, der eine Entscheidung fällen muss. Das heißt, dass mit der alleinigen Aufstellung von Regeln Konflikte nicht eingedämmt und somit erledigt sind, sondern vielmehr, dass mit Regelaufstellung gleichzeitig ein Optimierungsprozess in Gang gesetzt werden sollte, den der Vertriebsleiter ständig mit im Auge behalten muss.

▶ Monetären Ausgleich schaffen

Nicht vermeidbare und letztlich nicht sinnvoll und plausibel zu lösende Konflikte sollten über einen monetären Ausgleich für die Betroffenen geregelt werden, um dem Interesse des Vertriebsmitarbeiters angemessen Rechnung zu tragen. Dabei sollte tendenziell eher wohlwollend vorgegangen werden. Ein plausibler und vernünftiger monetärer Ausgleich ist in der Regel „kostengünstiger" als nicht erzielte Abschlüsse aufgrund der Hemmnisse durch den Konflikt.

▶ Die Erwartungen an eine vernünftige Zusammenarbeit formulieren

Neben den Regeln und dem gegebenenfalls monetären Ausgleich kommt es darauf an, durch die Verkaufsleitung klar die Grundsätze der fairen Zusammenarbeit aufzuzeigen und zu formulieren (ethischer Aspekt).

Die kulturellen Aspekte der Zusammenarbeit, der Verhaltenscodex, die Legitimierung dessen, was in Ordnung ist und was nicht der Unternehmenskultur bzw. Teamkultur entspricht, müssen formuliert, kommuniziert und vom Vorgesetzten vorgelebt (Vorbildfunktion) werden. Dies führt dazu, dass man ein Instrumentarium erhält, wie Konflikte besser zu meistern sind.

Die Lösungsansätze zeigen, wie aufwendig die Konflikteindämmung ist. Mit der Umsetzung dieser Ansätze sind die Konfliktpotenziale ja immer noch da und nicht verschwunden. Bei der Umsetzung von Vertriebsstrukturen und Bezirksstrukturen ist es wichtig, die Konfliktpotenziale rechtzeitig zu erkennen und im Blickfeld zu behalten, damit es zu keinen bösen Überraschungen kommt.

Konflikte zwischen Vertriebsaußendienst und -innendienst

Seit Bestehen von Vertriebsaußendienst- und -innendienstorganisationen kommt es immer wieder zu den gleichen Konfliktsituationen. Sie zählen zu den „Klassikern" der Konflikte im Vertrieb. Sie werden über die geäußerten Meinungen, Einstellungen und nicht selten Voreingenommenheiten der jeweiligen Mitarbeiter eines Bereichs über die Mitarbeiter des anderen Bereichs deutlich.

Der Innendienst sagt über den Außendienst:

... der Vertrieb ist nie zu erreichen, wenn man ihn mal braucht ...

... die glauben wohl, sie hätten es nicht nötig, die Unterlagen vollständig einzureichen ...

... schon dreimal habe ich das Formular angemahnt, der rührt sich einfach nicht ...

... wir sind ja das kleinste Rad im Getriebe, auf uns nimmt sowieso keiner Rücksicht ...

... die glauben wohl, nur weil sie mehr verdienen, können sie sich alles rausnehmen ...

... oh heute ist schönes Wetter, er ist bestimmt im Schwimmbad ...

Der Außendienst meint hingegen über den Innendienst:

... egal wann ich anrufe, entweder sind sie in einer Besprechung, beim Frühstück oder zum Mittagessen ...

... für dieses Formular habe ich jetzt keine Zeit, ich bin doch nicht der Administrator ...

... schon wieder ein neues Formular, was soll das denn, das braucht doch sowieso keiner ...

... der sabotiert doch meine Kundenlieferung extra, nur weil er neidisch ist ...

... die kapieren einfach nicht, dass ich beim Kunden schnell und flexibel reagieren muss ...

Das Tagesgeschäft des Vertriebsmitarbeiters

Mögliche Ursachen

In der Zusammenarbeit zwischen Innen- und Außendienst existieren eine Reihe von konkreten Ursachen für Konflikte:

▶ **Unterschiedliche Interessenlagen der betroffenen Mitarbeiter**
Der Vertrieb ist in erster Linie daran interessiert, Verträge zu schließen. Jede Verknappung der Verkaufszeit, oder das Erledigen von Aufgaben, von denen der Vertriebsmitarbeiter glaubt, dass sie nicht dem Geschäft dienen, wird häufig als lästiges Übel empfunden. Die Erledigung von Aufgaben, die den Innendienst betreffen, werden widerwillig ausgeführt.

Der Innendienst ist daran interessiert, die Verträge möglichst reibungslos zu administrieren und abzuwickeln, und ist deshalb darauf angewiesen, dass die Unterlagen vollständig, zeitnah und korrekt vom Außendienst bearbeitet werden. Fehlen Unterlagen zum Teil oder werden die Dinge nicht zeitnah erledigt, gerät der Prozess beim Innendienst ins Stocken. Frust und Ärger sind die Folge, denn der Mitarbeiter kann seine Aufgaben nicht erledigen.

▶ **Unterschiedliches Interesse der jeweiligen Gruppe**
Die unterschiedlichen Interessen der Mitarbeiter lassen sich auch auf die Gruppenebene übertragen. Die Vertriebsgruppe tut alles, um Verträge zu schließen und die Vertriebsziele zu erreichen.

Die Innendienstgruppe (als Cost-Center) versucht, die gesamten Prozesse unter Kosten- und Produktivitätsgesichtspunkten zu optimieren, um einen reibungslosen Ablauf sicherstellen zu können. Dies wirkt sich auch auf die Zufriedenheit der Kunden positiv aus.

Die Gruppen organisieren sich jeweils so, dass sie ihre Abläufe und Tätigkeitsschwerpunkte an den jeweiligen Gruppenzielen ausrichten. Prinzipiell stellt der Außendienst jede administrative Tätigkeit infrage, da sie Zeit raubt. Die Innendienstgruppe berücksichtigt das häufig nicht, da sie ein anderes Ziel verfolgt. Was ist dem Außendienst an Administration zumutbar? Wer erledigt z. B. Reklamationen? Wie stark kann die Innendienstgruppe den Außendienst beim Auslieferungsprozess einbeziehen? Wer teilt dem Kunden mit, wann die Maschine geliefert wird?

▶ Ressortdenken

Die Konfliktsituationen werden in erheblichem Maße durch ausgeprägtes Ressortdenken verschärft. Ressortdenken führt zum Abbau gegenseitiger Rücksichtnahme („Denen werden wir es zeigen!").

Das Ressort, der sachlich abgegrenzte Verantwortungsbereich, führt auch zu sozialen Abgrenzungen. Im Wesentlichen wird das Ressortdenken vom verantwortlichen Ressortleiter (Vorgesetzten) gefördert oder eingedämmt. Bei Führungskräften die „ihr" Ressort mit „das ist meins" verwechseln, entstehen die klassischen „Fürstentümer". Der gemeinschaftliche Gedanke, ein Teil des ganzen Unternehmens zu sein, tritt in den Hintergrund. An seine Stelle rückt die Einstellung, die Verantwortung für einen isolierten Bereich zu haben und sein Handeln darauf auszurichten. Ohne Rücksicht auf die angrenzenden Bereiche wird der eigene Bereich optimiert (Kosten, Prozesse, Arbeitszeiten, usw.).

▶ Gehaltsgefälle zwischen Vertriebsaußen- und -innendienst

Üblicherweise verdient der Vertriebsmitarbeiter im Außendienst erheblich mehr als der Mitarbeiter im Innendienst. Variable Entlohnungssysteme durch Provisionen und/oder Prämien lassen Gehaltsunterschiede zu und belohnen in der Regel den Vertragsabschluss, nicht die nachfolgende Administration. Somit wird dem Vertrieb signalisiert was „wirklich" wichtig ist und was eher „nachgeordnet" ist.

Die Gehälter im Innendienst sind Festeinkommen und in der Regel nicht an Leistungskriterien gekoppelt. Egal wie vertriebsorientiert, prozess- oder kostenorientiert ein Innendienstmitarbeiter arbeitet, das Gehalt bleibt gleich. Dies kann Neidgefühle hervorrufen.

▶ Räumliche bzw. geographische Trennung

In der Regel sind bei national bzw. international operierenden Organisationen die beiden Bereiche geographisch voneinander getrennt. Der Innendienst befindet sich zentral an einem Hauptstandort (Konzernzentrale) und der Vertrieb ist in Verkaufsniederlassungen über das gesamte Bundesgebiet oder Auslandsniederlassungen verteilt.

Die geographische Trennung fördert zudem eine soziale Distanz, vor allem dann wenn einzelne Vertriebsmitarbeiter ihren Ansprechpartner im Innendienst nur vom Telefon her kennen. Aber auch kulturelle Voreingenommenheiten („ … die Fischköppe in Hamburg …" und „ … die Spätzlefresser im Süden …") können Antipathien hervorrufen.

▶ Unterschiedliche Tagesabläufe (Arbeitsrhythmus)

Der übliche Tagesablauf zwischen Außen- und Innendienst ist in der Grundstruktur unterschiedlich. Während der Außendienst zumeist keine geregelten Arbeitszeiten (Anfang, Ende, Pausen) hat, sondern aufgabenorientiert arbeitet, sind im Innendienst die Arbeitszeiten und Pausen geregelt.

Die aktuelle Flexibilisierung der Arbeitszeit führt zu einer „zusätzlichen" Verschiebung der zeitlichen An- und Abwesenheit, was die zeitliche Zusammenarbeit für den Vertrieb schwieriger macht, da er in der Regel den Innendienst außerhalb der verkaufsaktiven Zeit (also früh morgens, in der Mittagszeit oder spät am Nachmittag) erreichen möchte.

Der Vertrieb ist hinsichtlich seines Tagesablaufs größtenteils von seiner Kundschaft (Erreichbarkeit, schnelles flexibles Reagieren) abhängig und beeinflusst. Das ist im Innendienst anders. Die unterschiedlichen Arbeitsrhythmen stellen ein nicht zu unterschätzendes Konfliktpotenzial dar, da das gegenseitige Verständnis für die jeweilige Arbeitsweise häufig fehlt oder diese Tatsache schlichtweg nicht bewusst ist.

Lösungsansätze

Auch hier können Maßnahmen nur eine Eindämmung der Konflikte bewirken. Die vollständige Beseitigung von Konflikten ist, vor allem bei den strukturell bedingten Konfliktpotenzialen, nicht möglich. Der wirkungsvollste Ansatz, um Konflikte im Vertrieb zu reduzieren oder im Einzelfall zu beseitigen, bildet die Kombination der Maßnahmen

- Menschen planmäßig zusammenführen
  (Hauptmaßnahme)
- Einkommensrelevante Verbindung herstellen
  (flankierende Maßnahme)

Strukturelle und organisatorische Maßnahmen, die Konflikte beseitigen, werden an dieser Stelle nicht vorgestellt, wir nehmen eine etablierte und funktionierende Struktur an.

Die planmäßige und regelmäßige Zusammenführung der Mitarbeiter der betroffenen Bereiche führt

▶ **zum Abbau von sozialer Distanz**
„... aha, hier arbeiten Sie also, ich kenne Sie ja nur vom Telefon ..."

▶ **zur Förderung des Verständnisses (Sympathie) füreinander**
„... jetzt, wo ich Sie kennen gelernt habe, muss ich sagen, dass Sie eigentlich ganz nett sind ..."

▶ **zur Eindämmung von Ressortdenken**
„... ich weiß jetzt eigentlich gar nicht mehr, warum wir solchen Stress haben, wir arbeiten doch alle in einem Unternehmen und wollen alle das gleiche Ziel erreichen ..."

Das Zusammenführen von Menschen in einer wohlwollenden Atmosphäre stellt ein geeignetes Mittel dar, um Konflikte zu bearbeiten oder einzudämmen. In der Praxis ist die Umsetzung jedoch äußerst schwierig, weil die Zeitknappheit im Tagesgeschäft die Betroffenen davon abhält, Zusammenkünfte zuzulassen. Des Weiteren verursachen Zusammenkünfte direkte zusätzliche Kosten. Die planmäßige und strukturierte Zusammenführung der betroffenen Mitarbeiter kann letztlich auch nicht von ihnen selbst organisiert werden, sondern muss vom Management ausgehen. Diese Maßnahme sollte fester Bestandteil des Führungsprozesses sein.

Geeignete Formen von Zusammenkünften bieten

● das regelmäßig stattfindende Gesamtvertriebsmeeting,

● eine Einladung der jeweiligen Innendienstmitarbeiter zum Vertriebsteam-Meeting, um Außen-/Innendienstthemen gemeinsam zu besprechen,

● gelegentliche gemeinsame Kundenbesuche.

Eine einkommensrelevante Verbindung (Vereinbarung über eine Prämie, bei der Erreichung bestimmter Ziele) der Mitarbeitergruppen soll

　　　　　Das Tagesgeschäft des Vertriebsmitarbeiters

▶ **die Zusammenarbeit fördern,**
Bei gemeinsamer Zielerreichung (übergeordnetes Ziel) wird eine gemeinsame Prämie ausgeschüttet.

▶ **den Mitarbeitern das gemeinsame Unternehmensziel bewusst machen.**
Es wird für die Betroffenen deutlich, dass neben den Einzelzielen und Einzelinteressen ein Gesamtinteresse des Unternehmens existiert.

Die gemeinsame Zielfestlegung sollte an der Schnittstelle stattfinden, wo in der Zielhierarchie (von oben nach unten) erstmalig die gemeinsame Zielsetzung in Einzelziele abweicht. Diese Schnittstelle muss unternehmensindividuell identifiziert werden. Die monetäre Verknüpfung von Interessen beider Bereiche stellt jedoch nur eine flankierende Maßnahme dar. Es kann die strukturierte Zusammenführung der Mitarbeiter nicht ersetzen, denn sonst streichen die betroffenen Mitarbeiter bei Zielerreichung das Geld ein, wissen zwar auch um die unternehmensweite Zielsetzung, Meinungen und Einstellungen aber ändern sich dadurch nicht.

Erst wenn in den sozialen Bereichen Maßnahmen etabliert sind und Verständnis füreinander geschaffen wurde, kann die monetäre Verbindung den Prozess positiv beeinflussen, noch mehr Schwung in die Zusammenarbeit bringen und den Ehrgeiz fördern.

Konflikte zwischen Vertriebs- und Serviceaußendienst

Beschäftigt ein Anbieter neben dem Vertrieb auch eine Serviceorganisation, da die zu vertreibenden Produkte zur Aufrechterhaltung der Leistung und Eigenschaften Serviceleistungen erfordern (z. B. bei Druckmaschinen, Computern, Kopierern, Telefonanlagen, Netzwerken, usw.), existieren eine Reihe weiterer Konfliktpotenziale.

Mögliche Ursachen

Die häufigsten Konfliktursachen sind:

- die unterschiedlichen Interessenlagen und Beweggründe (Befürchtungen) der Mitarbeiter
- das Ressortdenken
- Phänomene der Verallgemeinerung

Die Verknüpfung zwischen Vertrieb und Service ist sehr eng. Der übliche Verknüpfungsprozess lässt sich wie folgt darstellen:

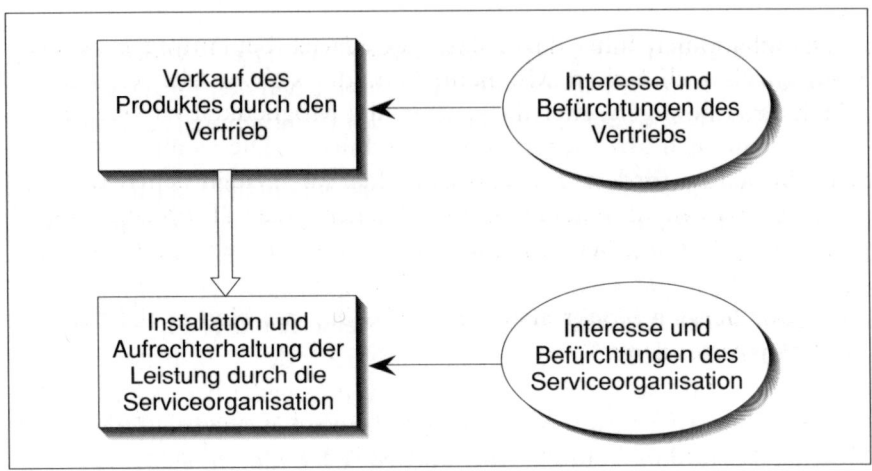

Abbildung 18: Schnittstelle zwischen Vertrieb und Service

Häufig entsteht der Grundkonflikt bereits im Prozess der Geschäftsanbahnung. Dabei kommt es vor, dass der Vertriebsmitarbeiter – aus der Befürchtung heraus, den Auftrag nicht zu erhalten – dem Kunden technische oder serviceseitige Leistungen zusagt, die an der Grenze des Machbaren liegen oder diese sogar überschreiten. Dieser Vorgang wird als „Überverkaufen" bezeichnet.

Im Serviceprozess der Installation und Aufrechterhaltung der Leistung (Serviceeinsätze) wird der Servicetechniker nun mit der durch den Überverkauf ausgelösten Erwartungshaltung des Kunden konfrontiert und muss nun dem Kunden „irgendwie" beibringen, dass die Leistung nicht wie in Aussicht gestellt zu erbringen ist. Das macht keinen Spaß: der Servicetechniker muss sich mit der Enttäuschung des Kunden auseinander setzen. Womöglich denkt der Kunde noch, dass der Techniker nicht qualifiziert genug sei und nur versucht sich herauszureden ... Im Ergebnis kommt es zum Streit zwischen Service und Vertrieb.

In diesem Moment tritt häufig das Phänomen der Verallgemeinerung ein, bei dem der Einzelfall als repräsentativ für das allgemeine Verhalten angesehen wird.

Das Tagesgeschäft des Vertriebsmitarbeiters

„Was haben die denn noch alles versprochen?", denkt sich der Techniker, „Der Vertrieb verspricht dem Kunden immer unmögliche Dinge, die wir dann ausbaden müssen."

Dieses Phänomen führt dazu, dass der Service bei Anfragen des Vertriebs nach technischen Möglichkeiten, die sich an der Grenze des Machbaren bewegen, eher dazu neigt, die Möglichkeit zu verneinen – letztlich um sich abzusichern und zu schützen. Dieses allzu verständliche Verhalten fördert das Ressortdenken auf beiden Seiten und verhindert Prozesse des gemeinsamen Suchens nach Problemlösungen. Nun ist die Verallgemeinerung auf Seiten des Vertriebs „am Zuge":

 „Der Service blockt aber auch alles ab, das sind ja richtige Auftragsverhinderer."

Befürchtungen (Ängste), Verallgemeinerungsphänomene und Ressortdenken bilden die Hauptursachen für Konflikte zwischen Vertrieb und Service.

Lösungsansätze

Um diesen Konflikten entgegenwirken zu können, sie zu beseitigen oder einzudämmen, haben sich folgende Maßnahmen bewährt:

▶ **Regelmäßige Gespräche zwischen Verkaufsleitung und Serviceleitung auf allen Ebenen**
Ziel der Gespräche ist die konkrete Abstimmung der Vorgehensweise im Zielmarkt und die Festlegung von individuellen Regeln bezogen auf einzelne Kundensituationen. Die Ergebnisse werden in beiden Bereichen kommuniziert.

▶ **Konkrete Konfliktfälle „auf den Tisch"**
Ziel ist, der Gefahr von Verallgemeinerung entgegenzuwirken, nicht einzelne Mitarbeiter an den Pranger zu stellen oder in die Enge zu treiben. Dieser Prozess ist heikel aber notwendig, da negative Verallgemeinerungen schädlich und hemmend für die Zusammenarbeit sind. Die Darstellung von konkreten Fällen macht den Betroffenen bewusst, dass es sich um Einzelfälle handelt. Kommt es bei einzel-

nen Vertriebsmitarbeitern zu Wiederholungen, dann sind Korrekturmaßnahmen in ihrem Verhalten notwendig. Diese zu ergreifen, liegt jedoch in der Verantwortung der Vertriebsführung.

▶ **Gemeinsame Veranstaltungen – „Vertrieb lädt den Service ein"**
Für die Verbesserung der Zusammenarbeit ist es förderlich, wenn das Vertriebsteam das Serviceteam zu einer gemeinsamen Veranstaltung einlädt (z. B. Tagesausflug oder Einladung zum Weihnachtsessen). Es empfiehlt sich, dass der Vertrieb die Veranstaltung plant und bezahlt. Der Vertrieb ist normalerweise durch die Teilnahme an Incentives an Wertschätzung durch das Unternehmen gewöhnt und kennt die sozialen Vorzüge und Motivationseffekte. Der Service erfährt derartige Wertschätzung in der Regel viel seltener. Umso höher ist die Wirkung, wenn Vertriebsmitarbeiter ihren Servicekollegen eine persönliche Wertschätzung zukommen lassen. Veranstaltungen dieser Art bewirken manchmal kleine Wunder. Bei der Ausgestaltung dieses individuell geplanten „Ersatz-Incentive" sind der Phantasie keine Grenzen gesetzt.

Konflikt zwischen Vertrieb und Marketing

Hauptursache des Konflikts zwischen Vertriebs- und Marketingabteilung bilden fachliche Akzeptanzprobleme.

 „ ... die mögen ja etwas von der Prospekterstellung verstehen, vom Vertrieb allerdings haben sie keine Ahnung ... "

Die Vertriebsmitarbeiter unterstellen häufig den Kollegen aus der Marketingabteilung den fehlenden Bezug zum tatsächlichen Kunden- und Lieferantengeschehen. Marketing-Maßnahmen, sofern sie den Vertrieb direkt betreffen, werden als Maßnahmen aufgefasst, die am „grünen Tisch" erarbeitet worden und damit für die Praxis untauglich sind. Folglich werden sie nicht akzeptiert, nicht ernst genommen mit der Konsequenz, dass sie oftmals von vornherein zum Scheitern verurteilt sind.

Ebenso ist wahr, dass manche Marketingmitarbeiter, sofern sie selbst keine einschlägige Vertriebserfahrung haben, dem Vertriebsmitarbeiter skeptisch gegenüberstehen, oder ihm unterstellen, von Marketing nichts zu verstehen.

Beide Bereiche nehmen jeweils für sich in Anspruch, von der Sache am meisten zu verstehen. Diese konkurrierende Haltung schürt die Konflikte.

Die gute Zusammenarbeit zwischen Vertrieb und Marketing ist aber für den Unternehmenserfolg unerlässlich, denn letztlich hat der Vertrieb die Aufgabe, einen erheblichen Teil der Marketing-Maßnahmen umzusetzen. Akzeptiert der Vertrieb die Marketing-Abteilung nicht, dann akzeptiert er wahrscheinlich auch die Maßnahmen nicht.

Folgende Lösungsansätze haben eine Chance, das Konfliktpotenzial zu reduzieren:

▶ **Einsatz von Mitarbeitern mit einschlägiger Vertriebserfahrung im Marketing**
Im Hinblick auf die Konfliktsituation ist es sinnvoll, wenn Mitarbeiter für die Marketingabteilung aus der Vertriebsmannschaft rekrutiert werden. Dies gilt natürlich nur für Positionen, bei denen es hinsichtlich Aufgabenstellung nutzbringend und möglich ist. Die fachlichen Akzeptanzprobleme können dadurch weitestgehend ausgeschlossen werden.

▶ **Regelmäßige gemeinsame Aktionen im Vertriebsfeld**
Es gibt eine Reihe von Anlässen, die es erforderlich machen können, dass Marketing-Mitarbeiter und Vertriebsmitarbeiter konkret zusammenarbeiten, bzw. es ermöglichen, dass Marketing-Mitarbeiter Vertriebsmitarbeiter vor Ort begleiten.

Dazu zählen:

- Produkteinführungen
- Schulungsmaßnahmen des Vertriebs
- Gemeinsame Kundenbesuche
- Meetings (um Lösungen und Strategien gemeinsam zu erarbeiten)
- Bildung von zeitlich begrenzten Projekt-Teams (task force)

Regelmäßige Aktionen müssen geplant, strukturiert und von der Vertriebs- und Marketingleitung initiiert werden, da sonst das Risiko besteht, nur einmalige Aktionen zu lancieren, die ohne den gewünschten nachhaltigen Effekt bleiben. Anschließend dominiert wieder das Tagesgeschäft und Folgeaktionen bleiben aufgrund von Zeitknappheit aus.

Es wird viel erreicht und es bringt eine Organisation insgesamt ein Stück weiter, wenn man sich den offensichtlichen Konflikten nähert, diese ins Blickfeld des Management-Prozesses rückt und Maßnahmen tatsächlich umsetzt. Das Betriebsklima verbessert sich, die Zusammenarbeit macht mehr Spaß, die Wirkung nach außen, zum Kunden, verbessert sich und die Mitarbeiterzufriedenheit steigt.

Wenn Sie mit einer Tätigkeit im Außendienst beginnen, werden Sie im Tagesgeschäft zwangsläufig mit Konflikten konfrontiert. Versuchen Sie, herauszufinden, welche Ursachen für den Konflikt verantwortlich sind. Gehen Sie konstruktiv mit der Konfliktsituation um. Lässt es Ihr Handlungsspielraum zu, Lösungen herbeizuführen? Dann nutzen Sie ihn!

Wenn Konflikte Sie in der Ausübung Ihrer Tätigkeit einschränken, belasten und Sie die Konflikte auch nicht selbständig eindämmen können, sprechen Sie Ihren Vorgesetzten darauf an. Ihr Vorteil liegt darin, dass Sie noch nicht „betriebsblind" sind und Sie dadurch womöglich Zusammenhänge und Lösungsansätze sehen, die den Kollegen oder Vorgesetzten nicht (mehr) zugänglich sind. Machen Sie Vorschläge zur Verbesserung. Bedenken Sie dabei, dass jeder konstruktive Hinweis zur Verbesserung der Abläufe durch Eindämmung von Konflikten ein sehr wertvoller Beitrag für das Unternehmen ist. Ihre Anteilnahme signalisiert Ihrem Vorgesetzten zudem auch Ihr persönliches Engagement.

KURZCHECK

○ Sobald Menschen zusammenarbeiten existieren Konfliktpotenziale und entstehen Konflikte. Hindernisse im Tagesgeschäft sind etwas vollkommen Normales.

○ Konstruktiver Umgang mit Hindernissen gibt Ihnen die Möglichkeit, damit zurechtzukommen.

○ Hauptursachen für Konflikte liegen in den objektiven Interessenlagen sowie subjektiven Wahrnehmungen wie Neid, Sympathie, Antipathie.

○ Konflikte kosten Kraft, sind hemmend und belastend.

○ Konflikte zu be- und verarbeiten ist gleichsam Aufgabe des Managements und jedes Einzelnen.

○ Wenn möglich, sollten Konfliktpotenziale gering gehalten werden, dies ist eine stetige Managementaufgabe.

- Der Schlüssel für die erfolgreiche Konfliktbe- und -verarbeitung liegt im planmäßigen und strukturierten Prozess, die Betroffenen regelmäßig zusammenzubringen.

- Ein weiterer Schlüssel als flankierende Maßnahme ist die einkommensrelevante Verknüpfung der Betroffenen durch gemeinsame Zielsetzung und Belohnung.

- Es ist ein Trugschluss zu glauben, dass man alle Konflikte unter Kontrolle behalten kann, dazu ist eine Organisation viel zu komplex und die Interessenlagen sind vielfältig und vor allem nicht immer eindeutig identifizierbar.

Erfolgsstrategien für den einzelnen Vertriebsmitarbeiter

Neben dem persönlichen Einsatz des Vertriebsmitarbeiters wird der Verkaufserfolg natürlich auch von anderen Faktoren beeinflusst. Dazu zählen unter anderem die Angebotsleistung, die Preisstellung, das Image des Anbieters, das Umfeld der Wettbewerber und deren Leistungsumfang, das Marktumfeld, Trainings-, Coaching- und Weiterbildungsmaßnahmen sowie die Marketing-Aktivitäten.

Letztlich wird der Verkaufserfolg überwiegend durch den Vertriebsmitarbeiter selbst herbeigeführt. Deshalb ist die Schaffung von persönlichen „Wettbewerbsvorteilen" sowie die Anwendung von gezielten und ausgewählten Erfolgsstrategien für den einzelnen äußerst nutzbringend.

Die folgenden Abschnitte beschreiben Erfolgsstrategien und -konzepte sowohl für Berufseinsteiger im Vertrieb als auch für „alte Hasen" mit einschlägigen Vertriebserfahrungen. Mir geht es darum, Ihnen praktikable und wirkungsvolle Vertriebsmethoden und -vorgehensweisen aufzuzeigen, die Sie sofort umsetzen und anwenden können. Sie stellen keinen Ersatz für Trainingsmaßnahmen dar. Die Verbesserung einzelner Fähigkeiten (z. B. Telefonverhalten oder Gesprächsführung) sollten im Rahmen von Trainingsmaßnahmen vermittelt werden.

Vertriebs-Junioren stellen sich zu Beginn ihrer Tätigkeit meistens Fragen wie: Was kommt da auf mich zu? Wie gehe ich es am besten an? Was sollte ich tun, was besser nicht? Was kann ich als „Unternehmer" im eigenen Verkaufsbezirk erreichen? Warum habe ich den Auftrag nicht erhalten, woran lag es? Gibt es nur eine richtige Vorgehensweise? Das Dilemma für den Einsteiger besteht darin, dass er noch nicht auf Erfahrungen zurückgreifen und nur schlecht einschätzen kann, was gut funktioniert oder was er besser sein lassen sollte.

Es empfiehlt sich, einige allgemeine Grundsätze zu beachten und unterschiedliche erprobte Methoden anzuwenden und für sich persönlich auszutesten: Was liegt mir mehr? Wie sollte ich die Methode ausgestalten? Die Unterstützung des Anfängers durch den Coach (Führungskraft, Trainer und Mentor) ist dabei unerlässlich.

Ihr persönlicher Verkaufsstil und Ihre individuelle Ausgestaltung bei der Anwendung von Verkaufsstrategien entwickelt sich in Regel erst nach einigen Jahren Berufserfahrung im Vertrieb. Am Anfang steht der persönliche Stil nicht im Vordergrund, sondern wirklich entscheidend ist vielmehr, dass Sie einen guten und Erfolg versprechenden Einstieg finden.

Die persönliche Differenzierung als Basiserfolgsfaktor

 Seien Sie anders als andere!

Neben der Vielzahl an sachlichen Rahmenbedingungen wie der systematischen Vertriebssteuerung, der Festlegung von Verkaufszielen, dem Leistungsangebot des Unternehmens und der Marktsituation geht es bei der persönlichen Differenzierung darum, herauszufinden, welche Möglichkeiten der Einzelne hat, seinen Erfolg zu beeinflussen. Was passt zur eigenen Persönlichkeit? Was muss ich im Umgang mit Kunden beachten? Was hilft mir, mich positiv vom Wettbewerb abzuheben? Welche Voraussetzungen sollte ich mir schaffen?

Was auf der Unternehmensebene für die Differenzierung als Marketing-Grundsatz gilt, ist ebenso auf den einzelnen Vertriebsmitarbeiter übertragbar. Eine für den Kunden positive Unterscheidung (Differenzierung) der Leistung eines Unternehmens zu der des Mitanbieters kann einen starken Wettbewerbsvorteil darstellen. Diese Leitidee des Marketing kann auch bei der persönlichen Vorgehensweise im Vertrieb eingesetzt werden. In der konkreten Verhandlungssituation bringt die persönliche Differenzierung ebenfalls Wettbewerbsvorteile.

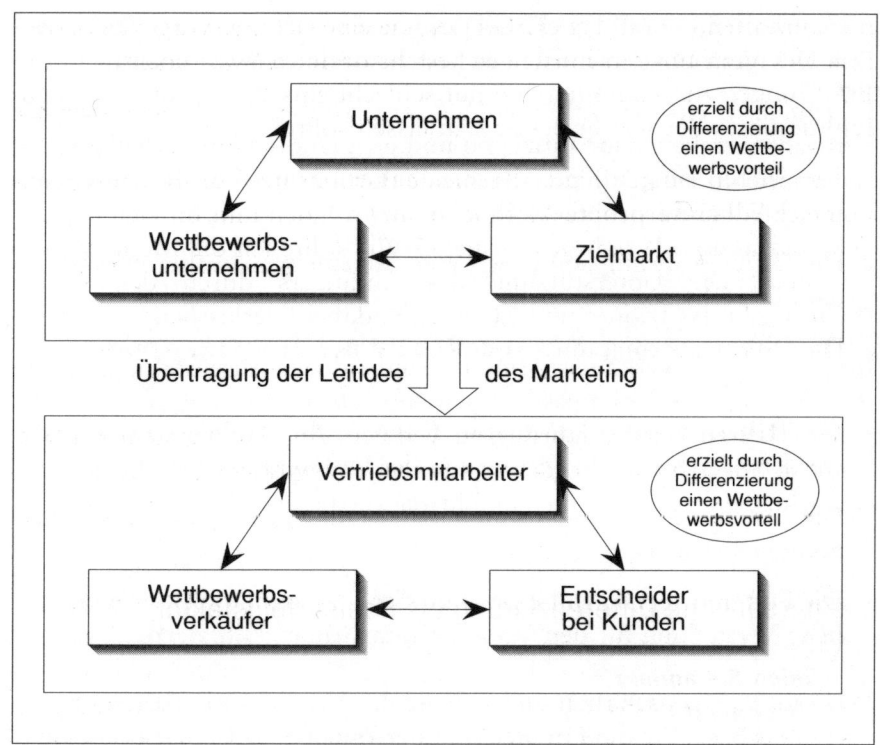

Abbildung 19: Die Übertragung der Differenzierungsstrategie auf die Ebene des Vertriebsmitarbeiters

Abbildung 19 verdeutlicht Ihnen schematisch die Übertragung der Differenzierung von der Unternehmensebene auf die Ebene des Vertriebsmitarbeiters.

Der Kunde, der eine Investitionsgüterentscheidung treffen muss, sucht während der Vorvertragsphase nach Kriterien, die seine letztliche Entscheidung begründen und eventuell rechtfertigen. Dabei beurteilt der Kunde auch die persönliche Vorgehensweise des Vertriebsmitarbeiters, denn er vertritt und repräsentiert die Gesamtleistung des Unternehmens: er bahnt an, führt Erstgespräche, analysiert den Bedarf, präsentiert die Leistung, erarbeitet das Angebot und führt die Abschlussverhandlungen. Nicht selten wird der Vertriebsmitarbeiter aus Sicht des Kunden mit dem Anbieterunternehmen selbst gleichgesetzt, der Vertriebsmitarbeiter „ist" die Firma. Die positive persönliche Differenzierung des Vertriebsmitarbeiters ist von besonderer Wichtigkeit.

Prinzipiell ist eine Vielzahl von Differenzierungsmöglichkeiten, die der Vertriebsmitarbeiter identifizieren und ausgestalten kann, denkbar. Sie sollten jedoch einigen Kriterien standhalten, damit die mit ihnen beabsichtigte Wirkung sichergestellt wird:

- Die Differenzierung sollte sich vom allgemeinen Mitbewerbsverhalten unterscheiden.

- Die Differenzierung muss vom Kunden positiv wahrgenommen werden können.

- Die Differenzierung muss vom Kunden als nutzbringend erachtet werden (der Kunde hat etwas von der Differenzierung).

- Die Differenzierung muss zum Vertriebsmitarbeiter passen und somit authentisch sein.

- Die Differenzierung sollte ohne größere Anstrengungen und persönliche Verstellung für den Vertriebsmitarbeiter „kultivierbar" sein.

Persönliche Eigenschaften und Talente des Vertriebsmitarbeiters bieten eine erste Basis für die Entwicklung persönlicher Differenzierungsstrategien. Um diese besonderen Eigenschaften und Talente herauszufinden, empfiehlt es sich im ersten Schritt, sich selbst zu beobachten, Kollegen und Freunde nach seinen besonderen Eigenschaften und Können zu befragen, sich Feedback geben zu lassen. Dabei sollten auch den vermeintlich alltäglichen Eigenschaften Beachtung geschenkt werden. Gleichen Sie die so ermittelten Eigenschaften und Talente anschließend mit den oben genannten Kriterien ab.

Sagt man Ihnen beispielsweise nach, dass Sie eine sehr angenehme Telefonstimme haben? Wirken Sie besonders seriös auf andere? Können Sie Sachverhalte, z. B. eine Bedarfsanalyse Ihres Kunden, schnell zu Papier bringen? Sind Sie ausgesprochen hilfsbereit? Sind Sie besonders genau bei der Erledigung von Aufgabenstellungen? Haben Sie immer wieder neue Ideen und Ansichten?

Differenzierung kann sehr einfach sein – drei Beispiele

Einfache Differenzierungsmöglichkeiten bestehen im täglichen Miteinander von Menschen. Die Differenzierung kann oft schon alleine dadurch entstehen, dass man sich an die normalen Regeln des Umgangs hält und diesen besondere Beachtung schenkt. Dies gilt z. B. für die Einhaltung von Vereinbarungen im Allgemeinen sowie für die Erfüllung normaler Erwartungshaltungen von Menschen.

Beispiel 1: Pünktlichkeit

 „Das ist klasse, Sie sind ja pünktlich!", bemerkte der Kunde zufrieden.

Eigentlich ist es eine Selbstverständlichkeit, pünktlich zu erscheinen. Der Pünktlichkeit wird aber häufig wenig Beachtung geschenkt. „Wo ist denn das Problem, wenn ich eine Viertelstunde später erscheine?" Vertriebsmitarbeiter, denen es gelingt, pünktlich zu sein, Fahrtzeiten richtig einschätzen zu können, haben sich schon positiv differenziert, denn aufgrund der aktuell zunehmenden Verschlechterung der Verkehrssituation, der zunehmenden Überlastung von Autobahnen, haben die Kunden gelernt oder sich gezwungener Maßen daran gewöhnt, dass die „akademische Viertelstunde" vom Besucher häufiger in Anspruch genommen wird.

Oftmals ist der Kunde bei Verspätungen nicht wirklich ärgerlich, aber genervt, denn es kommt zu nicht geplanten Verzögerungen im weiteren Verlauf seines Tagesgeschäftes. Der Vertriebsmitarbeiter kann sich durch immer wieder pünktliches Erscheinen positiv differenzieren. Dabei entfallen dann auch die lästigen Rechtfertigungen vor dem Kunden.

Der Kunde nimmt die Pünktlichkeit im Vergleich zum durchschnittlichen Verhalten seiner Besucher positiv wahr, er kann sich auf die Termine mit diesem Vertriebsmitarbeiter verlassen, kann die geplante Gesprächszeit ausnutzen. Der Vertriebsmitarbeiter wirkt und ist letztlich in seiner Vorgehensweise absolut verlässlich für den Kunden. Diese Verlässlichkeit wird der Kunde höchstwahrscheinlich auch auf die Seriösität der Beratung, auf die Einhaltung von Zusagen oder

Nebenabreden, also auf die Gesamtleistung des Anbieters übertragen. Der Vertriebsmitarbeiter „ist" die Firma.

Ebenso signalisiert das pünktliche Erscheinen dem Kunden, dass er für den Vertriebsmitarbeiter wichtig ist. Die Pünktlichkeit ist also ein Mittel, um dem Kunden Wertschätzung und Anerkennung entgegenzubringen. Die Verhandlungen und Gespräche haben jedes Mal einen guten Start.

Ständige Verspätungen hingegen empfindet der Kunde als wertschätzungsmindernd. Die Ansage des Vertriebsmitarbeiters „Es tut mir leid, dass ich zu spät komme, aber beim letzten Kunden hatte ich ein wichtiges Abschlussgespräch..." ist unter diesem Blickwinkel eine Katastrophe.

Beispiel 2: Einhaltung von Zusagen

 „Auf den ist Verlass!", dachte sich der Kunde, als der Vertriebsbeauftragte zum vereinbarten Zeitpunkt anrief, um sich nach dem Fortgang der Entscheidung zu erkundigen.

Mit dem Kunden den nächsten Schritt im Verkaufsprozess festzulegen, gehört zu den Grundregeln des aktiven Verkaufs. Damit verbunden sind Zusagen des Vertriebsmitarbeiters gegenüber dem Kunden, z. B. die Übersendung von weiter gehenden Informationen zum Leistungsumfang, die Übermittlung eines Angebotes oder die Vereinbarung eines Anruftermins, um dem Kunden eine im Verkaufsgespräch offen gebliebene Antwort zu geben.

Die strikte Einhaltung von Zusagen signalisiert dem Kunden Zuverlässigkeit. Der Vertriebsmitarbeiter sollte vor der Erteilung seiner Zusage prüfen, ob er diese wirklich einhalten kann.

Die schnelle Zusage, „... Sie bekommen das Angebot Anfang nächster Woche ..." in der Gewissheit oder anschließenden Feststellung, dies gar nicht schaffen zu können, wirkt sich negativ auf die Beziehungsebene aus. Vor allem dann, wenn der Kunde am Ende der kommenden Woche anruft und bemerkt, dass er immer noch auf das Angebot wartet. Besser ist, dem Kunden zu sagen, dass man es vor Ende nächster Woche nicht schafft, dann aber tatsächlich das Angebot einreicht.

Beispiel 3: Vollständigkeit von Unterlagen

„Jetzt verstehe ich, warum Sie mit dieser Riesentasche zu mir kommen, Sie haben ja alles dabei. Dadurch können wir Zeit sparen", sagte der Kunde dem Vertriebsmitarbeiter.

Jeder Kundenbesuch muss professionell vorbereitet werden. Dies bezieht sich nicht nur auf die mentale Vorbereitung sondern auch auf praktische Aspekte wie Unterlagen, Prospekte, Preisliste, Taschenrechner, Auswertungen über die aktuelle Vertragssituation des Kunden, die Zusammenfassung der Gesprächsinhalte vorhergehender Gespräche mit sich zu führen und gegebenenfalls griffbereit zu halten.

Bei einem vielfältigen Leistungsumfang eines Anbieters, der eine ganze Reihe von verschiedenen Unterlagen (Prospekte, usw.) mit sich bringt, bietet es sich für den Vertriebsbeauftragten an, stets einen kompletten Bestand dieser Unterlagen im Kofferraum seines Pkws mit sich zu führen. So kann er jederzeit auf diesen Bestand zurückgreifen. Dazu gehört regelmäßiges Auffüllen und Pflege des Bestandes. Dieser Aufwand lohnt sich: Die prompte Bereitstellung von Unterlagen erspart Doppeltermine und Nacharbeiten im Büro. Das Briefeschreiben bzw. der Postversand entfällt und reduziert somit auch den damit verbundenen Aufwand im Verkaufsprozess, sowohl inhaltlich (man kann mehr Details pro Termin besprechen) als auch zeitlich.

Differenzierung durch Fachkompetenz

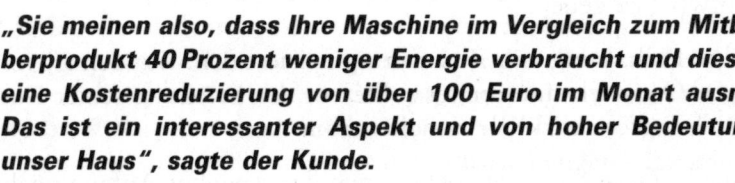

„Sie meinen also, dass Ihre Maschine im Vergleich zum Mitbewerberprodukt 40 Prozent weniger Energie verbraucht und dies allein eine Kostenreduzierung von über 100 Euro im Monat ausmacht. Das ist ein interessanter Aspekt und von hoher Bedeutung für unser Haus", sagte der Kunde.

Wissen ist Macht.

„Sprechen Sie nicht schlecht über Ihren Mitbewerber!" steht an vorderster Stelle der Regeln, an die man sich als Vertriebsmitarbeiter halten sollte. Kundenumfragen ergeben dies immer wieder. Die Kunden wünschen sich offensichtlich, dass der Vertriebsmitarbeiter die Leistung seines eigenen Unternehmens positiv in den Vordergrund stellt und nicht die Leistung des Mitbewerbs schlecht darstellt, um die eigene Leistung besser erscheinen zu lassen. Diese Regel sollte nicht verletzt werden.

Andererseits ist es so, dass der Kunde in seinem Entscheidungsfindungsprozess darauf angewiesen ist, eine möglichst objektive Vergleichbarkeit der Leistung herbeizuführen, um die auf die Zukunft gerichtete Investitionsentscheidung aus seiner Sicht richtig treffen zu können. Dabei ist die Zeit des Kunden in der Regel knapp bemessen. Das scheint mit ein Grund dafür zu sein, dass Kunden mit der Beratungsleistung nicht immer zufrieden sind. Sie kritisieren dabei das nicht ausreichende Fachwissen der Anbieter über die eigene und die Mitbewerberleistung. Dies lässt den Schluss zu, dass Kunden zwar einerseits das „Schlechtmachen" des Mitbewerbers ablehnen und nicht wünschen, gleichzeitig aber doch wissen möchten wie der Vertriebsmitarbeiter die eigene Leistung im Vergleich zum Mitbewerb einschätzt.

Das umfassende Wissen über die objektiven Eigenschaften der eigenen Leistung sowie der Leistung der Mitbewerber kann somit auch zur positiven Differenzierung genutzt werden. Hohes fachliches Know-how steigert die Kompetenzwirkung und schafft beim Kunden in erheblichem Maße Vertrauen.

Die fundierten Kenntnisse und die objektive Darstellung der eigenen Leistung im Vergleich zum Mitbewerb wirkt dann auch nicht mehr als „Schlechtmachen" und schafft gleichzeitig Freiraum, um die eigene Leistung besser abgrenzen zu können. Das Wissen um die Schwachstellen des Mitbewerbs verbunden mit den Alleinstellungsmerkmalen der eigenen Leistung bilden eine optimale Ausgangsbasis für erfolgreiche Verkaufsgespräche. Für den Vertriebsmitarbeiter wird es also wichtig, nicht nur die eigene Leistung genau zu kennen, sondern sich auch gezielt mit der Leistung des Mitbewerbers (unabhängig von der Marktstellung) auseinander zu setzen. Der Aufwand, sich Wettbewerbskenntnisse anzueignen wird sich auszahlen. Ungenaue und pauschale Aussagen über die Wettbewerbsleistung sind „out" und vom Kunden unerwünscht.

Üblicherweise wird das Wissen über den Wettbewerb im Rahmen der Vertriebsschulung vermittelt. Sollte dies nicht vorgesehen sein, so kann man z. B. Messen zur Informationsbeschaffung nutzen oder Kollegen befragen. Sehr wirkungsvoll ist die Befragung von Kunden. Das setzt jedoch eine stabile persönliche Beziehung voraus. Eine andere Form der Informationsbeschaffung bietet das Internet. Viele Unternehmen beschreiben auf Ihrer Homepage ihren konkreten Leistungsumfang sehr detailliert. Surfen lohnt sich. Gibt es für die Branche Fachzeitschriften, die Produkt- oder Leistungsvergleiche durchführen? Diese sollten zu Ihrer Pflichtlektüre gehören.

Vergleichen Sie die beschafften Leistungsmerkmale des Wettbewerbs mit Ihren eigenen. Ergeben sich Unterschiede? Bei welchen Leistungsmerkmalen ist Ihr Unternehmen besser? Welchen Nutzen hat der Kunde von diesem Unterschied?

Differenzierung im Prozess der Produktpräsentation

„So, dann wollen wir mal sehen, wie das bei Ihnen klappt, bei Ihrer Konkurrenz war das nicht so toll", bemerkte ein leicht genervter Kunde, nachdem er sich jetzt nochmal einen halben Tag Zeit für die nächste Produktpräsentation eingeplant hatte.

Zeigen Sie was Sie können,
überlassen Sie so wenig wie möglich
dem Zufall.

Sofern die Leistung des Anbieters dem Kunden in der Vorvertragsphase durch eine Produktpräsentation vorgeführt werden kann oder aufgrund der branchenüblichen Vorgehensweise vorgeführt werden muss, stellt die Vorbereitung und Durchführung einer Präsentation ein Differenzierungspotenzial mit sehr großer Wirkung (positiv wie negativ) dar.

Nachdem im ersten (in den ersten) Kontaktgespräch(en) das Umfeld des Kunden analysiert und der Bedarf herausgearbeitet worden sind, werden anhand einer Produktpräsentation die Leistung und somit die „Lösung" in einem Schauraum oder direkt beim Kunden praktisch vorgestellt. Diese Form der Leistungspräsentation ist z. B. typisch für die Druckindustrie.

Für den Kunden ist die Produktpräsentation in zweierlei Hinsicht bedeutsam. Es lässt sich die sachliche von der emotionalen Bedeutung unterscheiden.

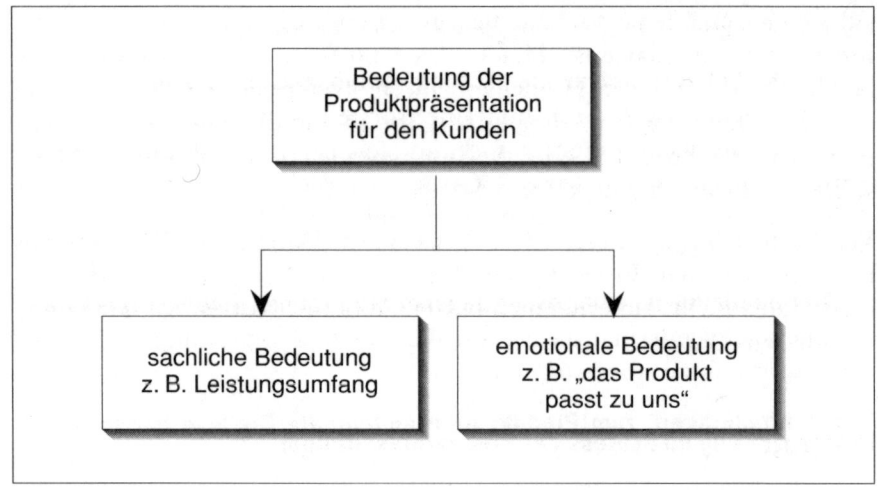

Abbildung 20: Die Bedeutung der Produktpräsentation für den Kunden

Die sachliche Bedeutung für den Kunden beinhaltet

▶ **das konkrete Kennenlernen des Leistungsumfangs**
... der Kunde sieht, was die Technik kann...

▶ **die Möglichkeit des Abgleichs der „Lösung" mit dem eigenen Bedarfs-umfeld**
... Wie wird mein Bedarf durch die Technik abgedeckt? Wie funktioniert das genau?

▶ **die Möglichkeit, die Leistung mit der Mitbewerberlösung vergleichen zu können**
... Wie werden die Anforderungen im Vergleich zur Konkurrenz erledigt?

▶ **eine Preis-Leistungs-Einschätzung**
... Welcher Preis scheint aus meiner Sicht angemessen für diese Lösung?

▶ **anderen Mitarbeitern und an der Entscheidung Betroffene die Leistung zugänglich zu machen**
... Der Entscheider stellt den Betroffenen Kollegen eine Lösung vor, sie können sich gegebenenfalls direkt dazu äußern...

Die emotionale Bedeutung für den Kunden beinhaltet

▷ **die Möglichkeit, sich an die „Lösung" gewöhnen zu können**
… Der Kunde kann sich nun eine Vorstellung machen und die Lösung gedanklich planen, z. B. kann sich der Bediener einer Druckmaschine vorstellen, wo das Gerät im Drucksaal steht, wie es mit dem Umfeld des Arbeitsplatzes in Einklang zu bringen ist (Größe, Lautstärke, Design) etc.

▷ **die Betroffenen für eine Lösung begeistern zu können (internes Verkaufen),**
… Der Anwender hat die Möglichkeit, auch den „Kaufmann" zu begeistern und zu überzeugen.

▷ **die Möglichkeit, zum Produkt eine emotionale Bindung herstellen zu können**
… die Präsentation schafft den Rahmen für eine emotionale Vorentscheidung. Es fließen ästhetische Gesichtspunkte, Spieltrieb, Profilierungsaspekte, die die persönliche Präferenz beeinflussen mit in die Entscheidungsfindung ein – „so etwas will ich haben".

Es ist wichtig, dass eine Produktpräsentation reibungslos läuft. Zum einen kann man mit einer gelungenen Produktpräsentation einen großen Schritt in Richtung Vertragsabschluss gehen, da die Vorentscheidung schon oftmals während der Produktpräsentation fällt. Eine misslungene Produktpräsentation hingegen kann das vorzeitige Aus für den Verkaufszyklus bedeuten.

Die Vorbereitung einer Produktpräsentation bildet die Grundlage für die erfolgreiche Durchführung. Zur professionellen Vorbereitung einer Produktpräsentation gehören:

● die richtige Auswahl des Präsentationsortes (eigener Schauraum oder beim Kunden),

● der einwandfreie technische Zustand der zu präsentierenden Maschine oder Leistung,

● die Vorbereitung der Simulation des Kundenbedarfs,

● die Schaffung einer angenehmen Umgebung (Ordnung, Sauberkeit),

● Schaffung einer ansprechenden „Warm-up-Atmosphäre" (Bewirtung, Schreibunterlagen für Kunden, Garderobe).

Sollte der Vertriebsmitarbeiter die Präsentation selbst durchführen, empfiehlt es sich nach Möglichkeit, die Präsentation mindestens einmal kurz vor dem Eintreffen des Kunden zu üben. In den meisten Investitionsgüterbranchen bildet die Produktpräsentation das Herzstück des Verkaufszyklus. Ist bekannt, dass die Mitbewerberleistung als stärker einzuschätzen ist als die eigene Leistung, sollte die eigene Produktpräsentation erst einige Zeit (wenigstens eine Woche) nach der Mitbewerberpräsentation durchgeführt werden.

Damit ist einigermaßen sichergestellt, dass die wahrscheinlich anfänglich hohe Begeisterung des Kunden für die Mitbewerberleistung etwas abgeflacht ist und er wieder zugänglich für Alternativen ist. In einer solchen Situation kommt der perfekten Vorbereitung nochmals eine höhere Bedeutung zu. Möglicherweise ist beim Mitbewerber nicht alles glatt gegangen und eine perfekte und überzeugende Präsentation liefert dicke Pluspunkte.

Differenzierung durch kontinuierliche Akquisitionstätigkeit

„Klasse", dachte sich der Vertriebsmitarbeiter, „schon der dritte Abschluss in diesem Monat, das sind 150 Prozent Zielerreichung und ich habe immer noch zwei Abschlusschancen".

Erfolg bringt Erfolg.

Je nach Leistungsumfang und Komplexität ist die durchschnittliche Dauer eines Verkaufsprozesses (von der Kontaktaufnahme bis zum Entscheidungszeitpunkt) unterschiedlich. Dies können Tage bis hin zu Jahren sein. Während die Beschaffung eines neuen Aktenvernichters in wenigen Tagen zu bewerkstelligen ist, benötigt die Beschaffung eines neuen Netzwerkes für das Unternehmen mehrere Monate.

Das bedeutet für Einsteiger und Vertriebsmitarbeiter, die einen neuen Verkaufsbezirk übernehmen, dass eventuell eine längere Zeitdauer überbrückt werden muss, bis die ersten Entscheidungssituationen eintreten. Die mengen- und zeitmäßige Abschlussfolge entspricht dem Akquisitionsverhalten und der Intensität der Akquisition. Arbeitet ein Vertriebsmitarbeiter intervallartig, d.h. hohes Arbeitspensum (Intensität) in der Akquisition wechseln sich mit niedrigem Arbeitspensum ab, so drückt sich dies anschließend auch in der Erfolgskurve aus. Der Vorteil dieser Arbeitsweise ist, dass man sich nach erfolgter Akquise verstärkt auf die Abarbeitung der Verkaufszyklen konzentrieren kann. Die *intervallartige Arbeitsweise* erfordert im Vergleich zur konitinierlichen Arbeitsweise jedoch mehr Anstrengung, da es schwierig ist, immer wieder von neuem in Fahrt zu kommen, um seinen Zielmarkt zu aktivieren.

Der Vertriebsmitarbeiter setzt sich dabei immer wieder der Gefahr aus, dass die Anzahl der Abschlusschancen zu niedrig wird und der Verkaufserfolg ebenfalls geringer wird oder ausbleibt. Damit wird eine Durststrecke eingeläutet, die demotivierend ist. Bei Erfolglosigkeit beginnt das Selbstbewusstsein zu leiden. Die Gefahr sich in der Vorgehensweise zu verkrampfen steigt, der Vertriebsmitarbeiter wird nervös, die vertrieblichen Tätigkeiten gelingen nicht mehr so gut und plötzlich fehlt das Quentchen Glück.

Um aus diesem Tal wieder herauszukommen, sind erhebliche Anstrengungen notwendig. Die erfolglose Zeit muss überbrückt werden bis durch Akquisition wieder genügend (Anzahl) Abschlusschancen erarbeitet worden sind und neue Entscheidungszeitpunkte näher rücken, die Motivation und das Selbstbewusstsein benötigen einen neuen Anschub.

Ein weiterer Nachteil der intervallartigen Arbeitsweise stellt der Umstand dar, dass in der nahezu akquisefreien Zeit trotzdem Verkaufszyklen entstehen und neue Entscheidungen durch Kunden vorbereitet und gefällt werden. Diese werden dann verpasst oder der Vertriebsmitarbeiter findet nicht den optimalen Einstiegszeitpunkt.

Im Gegensatz zur intervallartigen Akquiseintensität ist die *kontinuierliche Akquisition* dadurch gekennzeichnet, dass der Vertriebsmitarbeiter mit einer nahezu gleich bleibend hohen Intensität (zeit- und mengenmäßig) akquiriert und sich somit kontinuierlich neue Verkaufschancen erarbeitet. Neben der Akquisitionstätigkeit müssen auch die anderen Bestandteile der Vertriebsarbeit mit nahezu gleicher Intensität durchgeführt werden.

Die kontinuierliche Akquisition hat zur Folge,

▶ **dass der Vertriebsmitarbeiter in Akquisitionsübung bleibt und sich stetig verbessert**
... der schwierige Wiedereinstieg in die erneute Akquisetätigkeit entfällt ...

▶ **dass die Verkaufserfolge ebenfalls einen kontinuierlichen Verlauf haben**
... und somit der Vertriebsmitarbeiter kontinuierlich auf der Erfolgswelle „reitet"...

▶ **dass sich der Vertriebsmitarbeiter viel seltener mit Durststrecken auseinander setzen muss**
... und der Vertriebsmitarbeiter und sein Vorgesetzter zufrieden sind ...

▶ **dass die Chance hoch ist, überwiegend frühzeitig in die meisten Verhandlungen einsteigen zu können und somit weniger Chancen verpasst werden**
... der Vertriebsmitarbeiter verhindert, sich selbst seiner Chancen zu berauben ...

▶ **dass der Vertriebsmitarbeiter motiviert, gut gelaunt und selbstbewusst auftritt**
... und mit seinem Verdienst zufrieden ist ...

Bei dieser Vorgehensweise liegt das „Geheimnis" darin, ein Maß an Intensität zu finden, das vom Vertriebsmitarbeiter durchgehalten werden kann. Es macht keinen Sinn, sich zu überfordern oder auszupowern.

Ein gutes Messkriterium für die Intensität stellen die Anzahl der Akquisetelefonate, die Anzahl persönlicher Erstbesuche bei Interessenten und Neuanbahnungsterminen bei Kunden im Durchschnitt pro Tag (gemessen im Monat) dar. Diese Zahlen geben Aufschluss über die Höhe der Arbeitsintensität. Um persönliche Einschätzungen (und mögliche Irrtümer) auszuschließen, sollten die Akquisitionsaktivitäten gemessen werden. Die mögliche Zahl der Besuchstermine hängt im Wesentlichen von der durchschnittlichen Verweildauer (Gesprächsdauer) beim Kunden sowie von der Bezirksform und Bezirksstruktur (Fahrtzeiten) ab.

Die Anzahl persönlicher Besuche lässt auch fundierte Rückschlüsse auf andere, die Intensität bestimmenden Tätigkeiten zu. Die Anzahl der Besuche kann nur zustande kommen, wenn vorher mit hoher Qualität akquiriert und wenn ausreichend Potenzial identifiziert wurde. Die festzulegende Anzahl persönlicher Besuche sollte herausfordernd aber langfristig für den Vertriebsmitarbeiter machbar sein.

Die kontinuierliche Akquisetätigkeit stellt hohe Anforderungen an die Selbstdisziplin, bringt jedoch im Vergleich mit der intervallartigen oder mit anderen Vorgehensweisen eine deutlich bessere Erfolgswahrscheinlichkeit mit sich. Erstellen Sie sich einen Akquisitionsplan, entwickeln Sie eine Akquisitionsstrategie, die einen Mengen- und Zeitbezug hat. Der Abschnitt „Bestimmung der vorvertraglichen Erfolgsfaktoren" auf Seite 96, liefert Ihnen nützliche Hinweise für Ihren Akquisitionsplan.

Differenzierung im Prozess der Zielmarktbearbeitung

„Uns ist klar, dass wir für die meisten Anbieter nicht interessant genug sind", gab der Kunde zu verstehen, „umso besser dass Sie uns anrufen, denn wir haben konkreten Bedarf an Ihren Lösungen."

Versuchen Sie, alle zu erwischen!

Eine der Hauptaufgaben des Vertriebs besteht darin, zu verstehen, welche Vorgehensweise und Form der Marktbearbeitung die beste ist. Der Zielmarkt kann auf verschiedene Art und Weise aufgeteilt und bearbeitet werden. Zu den gängigsten Formen zählt die Aufteilung des Zielmarktes nach

* Branchen (Behörden, Großindustrie, Mittelstand, Einzelkunden),

* nach Produktgruppen,

* nach Kundenarten (Neukunde, Bestandskunde, Großkunde, Standardkunde).

Die Form der Zielmarktbearbeitung wird aus Sicht des vertreibenden Unternehmens häufig an der Vertriebsstruktur ausgerichtet. Dabei gibt es die vertrieblichen Grundformen des Vertriebsmitarbeiters als

* Generalisten (er vertreibt das gesamte Leistungsangebot) oder

* Spezialisten (er hat sich auf eine Teilgruppe des Leistungsangebotes spezialisiert).

In dieser Hinsicht haben Unternehmen schon vieles ausprobiert und miteinander kombiniert. Wahrscheinlich gibt es nicht *die* beste Vorgehensweise, sondern die Entscheidung, wie Zielmärkte eingeteilt und wie diese zu bearbeiten sind, ist im Wesentlichen von der aktuellen Marktsituation, von der Marktdynamik und von den Entwicklungsvorstellungen (Unternehmensperspektive) abhängig. Die Form der Marktbearbeitung muss also ständig überprüft und den neuesten Marktgegebenheiten angepasst werden.

Im Folgenden wird die *„klassische Vertriebssituation"* erörtert, bei der ein Vertriebsmitarbeiter als *Generalist einen geographischen Verkaufsbezirk* übernommen hat und vor der Grundsatzfrage der wirkungsvollsten Bearbeitung seines Zielmarktes steht.

Die branchenorientierte Vorgehensweise (als Spezialisierung) stellt in diesem Fall eine sehr wirkungsvolle Form der Marktbearbeitung dar. Der Vertriebsmitarbeiter fasst im Rahmen der Akquisitionstätigkeit eine bestimmte Branche oder Kundengruppe ins Auge und bearbeitet diese gezielt (z. B. alle Behörden im zugeordneten Verkaufsbezirk, alle Versicherungen, usw.). Der Vorteil der branchenorientierten Vorgehensweise liegt darin, dass der Vertriebsmitarbeiter jeweils auf ein ähnlich gelagertes Bedarfsumfeld, auf ähnliches Einkaufsverhalten und auf ähnliche Anforderungen bei seinen Kunden trifft.

Dies führt dazu, dass der Vertriebsmitarbeiter in seiner Argumentation sicherer wird, da er innerhalb dieser gezielten Marktbearbeitung immer wieder auf vergleichbare Situationen stößt. Er kann seine Beratungskompetenz zügig steigern, er spricht mehr und mehr die Sprache der Branche oder der Kundengruppe. Dies versetzt ihn in eine immer besser werdende Verhandlungssituation, da sie ihm zunehmend vertrauter wird.

Werden die ersten Erfolge in der Branche erzielt, hat der Vertriebsmitarbeiter die Möglichkeit, das schon einmal oder mehrfach erfolgreiche Lösungskonzept auf andere Kunden zu übertragen. Darüber hinaus hat der Vertriebsmitarbeiter jetzt die Möglichkeit, Referenzen in dieser Kundengruppe vorzuweisen. Die Kundenreferenz beweist dem Interessenten, dass die Lösung des Anbieters einsetzbar und sinnvoll ist. Vorhandene Referenzen haben eine sehr hohe Bedeutung, häufig sind sie für die Entscheidung ausschlaggebend. Sie verschaffen dem Kunden Sicherheit für die Richtigkeit seiner Entscheidung.

Bei der branchenorientierten Vorgehensweise kann der Vertriebsmitarbeiter vor dem Problem stehen, die identifizierte Branche sinnvoll aufzuteilen, vor allem dann, wenn sie sehr umfassend ist. In diesem Fall muss er die Branche in einem nächsten Schritt ein weiteres Mal segmentieren.

Ist z. B. der Bereich Behörden ein lohnender Zielmarkt, kann ein Vertriebsmitarbeiter mit den Kreisverwaltungen beginnen, dann die Stadtverwaltungen bearbeiten und anschließend die Gemeindeverwaltungen. Es sollte stets eine Systematik erkennbar sein, denn nur so ist gewährleistet, dass alle in Frage kommenden potenziellen Kunden akquiriert werden.

Wenn der Vertriebsmitarbeiter nicht nach einem strukturierten Marktbearbeitungsplan vorgeht, läuft er Gefahr, dass er seinen Verkaufsbezirk nach persönlichen Kriterien – aufgrund von Erfahrungen oder eher zufällig – segmentiert. Er stellt sich z. B. die Frage, „Bei wem kann ich am schnellsten den höchsten Umsatz erzielen?". Gemeinhin nennt sich diese Vorgehensweise „Rosinen-Picking". Diese Vorgehensweise schließt jedoch auch den möglichen Irrtum mit ein. Mit dieser Vorgehensweise verbaut sich der Vertriebsmitarbeiter die Chance, jeden potenziellen Kunden hinsichtlich der möglichen Abschlüsse einzuschätzen. Die Praxis zeigt, dass potenzielle Kunden, die durch das Raster der persönlichen Bewertung fallen, trotzdem Verkaufspotenzial darstellen. Bei einer Vollerhebung würde dieser Kunde „entdeckt" werden, bei der anderen Vorgehensweise nicht. Es ist also immer empfehlenswert, den Markt in systematischer und strukturierter Weise zu bearbeiten.

Die Vollerhebung (Teilsegmente einer Branche), der Versuch alle zu erwischen, lässt es zu, alle vorhandenen Chancen auszuloten und auch diejenigen Kunden zu erreichen, die sonst durch ein persönliches Einschätzungsraster des Vertriebsmitarbeiters, aber auch möglicherweise durch das persönliche Raster des Mitbewerberverkäufers, fallen würden.

Wenn Sie also die Zielmarktbearbeitung optimieren wollen,

- machen Sie sich Ihre Vertriebsstruktur im Unternehmen und die Vorgaben zur Marktbearbeitung bewusst,

- überlegen Sie dann, wie Sie diese systematisch erweitern bzw. ergänzen können,

- fragen Sie Ihren Vorgesetzten, ob er mit Ihnen gemeinsam einen Marktbearbeitungsplan erarbeiten kann.

- Analysieren Sie Ihren Verkaufsbezirk: Wie viel Kunden haben Sie? Wie viel Interessenten haben Sie? Welche Marktsegmente dominieren Ihren Verkaufsbezirk?

Differenzierung im Beziehungsmanagement

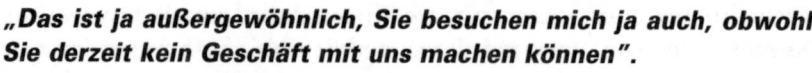

„Das ist ja außergewöhnlich, Sie besuchen mich ja auch, obwohl Sie derzeit kein Geschäft mit uns machen können".

Jeder Besuch wird sich lohnen.

Kern dieser Differenzierungsstrategie bilden Aktionen, die vom Kunden als persönliche Wertschätzung empfunden werden können. Der Kunde soll sich ernst genommen, als wichtig für den Vertriebsmitarbeiter fühlen können und auch sein. Hauptziel dieser Strategie ist, die Beziehungsebene zwischen dem Vertriebsmitarbeiter und dem Kunden stetig zu verbessern sowie das gegenseitige Vertrauensverhältnis zu vertiefen. Ein weiteres Ziel ist, ständig über das Geschehen beim Kunden informiert zu sein, um frühzeitig neue Verkaufschancen erkennen zu können. Auf diese Weise erreicht der Vertriebsmitarbeiter eine optimale Ausgangsposition für die Anbahnung neuer und zusätzlicher Geschäfte.

Bei dieser Maßnahme ist zu berücksichtigen, dass die Einzelaktionen authentisch und zum persönlichen Stil des Vertriebsmitarbeiters passen müssen. Heuchelei oder Schauspielerei bleiben in der Regel vom Kunden nicht unbemerkt und bewirken in diesem Fall eher das Gegenteil-, der Vertriebsmitarbeiter „nervt". Diese Differenzierungsmaßnahme setzt ein ernsthaftes Interesse und das Bemühen des Vertriebsmitarbeiters für eine weitergehende Verbesserung der Beziehungsebene voraus.

Warum stellt diese vordergründig einfache Maßnahme eine Basis für Differenzierung dar? Der Grund liegt in der Hauptaufgabe des Vertriebsmitarbeiters, Verträge zu schließen. Sie führt dazu, dass der Betreuungsaufwand in der Vorvertragsphase hoch und kurz vor und zum Entscheidungszeitpunkt besonders hoch ist. Ist der Auftrag gewonnen, sinkt in der Regel die Betreuungsfrequenz ab, denn das Geschäft ist „gelaufen" und der Vertriebsmitarbeiter konzentriert sich jetzt auf neue Abschlusschancen.

Ist der Auftrag anderweitig vergeben worden, kommen Frust und Ärger des Vertriebsmitarbeiters hinzu – das Interesse an dem Kunden lässt nach.

Genau hier aber liegt eine Chance für die Differenzierung. Die strukturiert geplante Betreuung (Betreuungsplan) des Kunden nach der Entscheidung verschafft dem Vertriebsmitarbeiter die Möglichkeit, die Beziehungsebene zu vertiefen und gegenseitiges Vertrauen zu fördern. Dieses Mehr an Betreuung kann für die Abgrenzung zum Wettbewerb echtes Kapital sein. Die Wirkung derartiger Betreuungsaktionen kommt erst bei Neuverhandlungen zur Geltung, dann aber umso stärker.

Der Satz, „jeder Besuch lohnt sich", wenn auch die Wirkung erst später zum Tragen kommt, kann als Grundsatz aufgefasst werden.

Es empfiehlt sich, für jeden Kunden einen Betreuungsplan während der „vertragslosen" Zeit festzulegen. Betreuungsanlässe können sein:

- Information über Produktinnovationen,

- Durchführung einer Kundenzufriedenheitsbefragung,

- Einladung zu Messen,

- Weihnachtsgrüße übermitteln,

- Geburtstagsglückwünsche.

Kleine Geschenke erhalten die Freundschaft – heißt es. Das ist zweifelsfrei richtig, aber es ist Vorsicht geboten. Vertriebsmitarbeiter, die unter anderem diese Form der Wertschätzung wählen, sollten sich über die Beziehungsebene zum Kunden im Klaren sein. Besteht das Risiko, das der Kunde den Eindruck gewinnen könnte, „geschmiert" zu werden, ist Gefahr in Verzug.

Letztlich gilt: weniger ist mehr. Im behördlichen Umfeld, aber auch zunehmend stärker in der Industrie, gibt es durch so genannte Antikorruptionsvorschriften klare Grenzen für den Wert eines Kundengeschenks.

Im Vorfeld sollten diese Wertgrenzen ermittelt werden. Im Allgemeinen sollte das Kundengeschenk einen konkreten Anlass haben (z. B. der Geburtstag oder das bevorstehende Weihnachtsfest) bzw. in Zusammenhang mit der Leistung des Unternehmens stehen (z. B. Miniaturausführung der Maschine als Radio). In jedem Fall erfordert das Überbringen von Geschenken, Fingerspitzengefühl und Erfahrung des Vertriebsmitarbeiters.

Weitere Erfolgsstrategien

Neben den Strategien der Differenzierung, die in erster Linie dazu führen, dass sich der Vertriebsmitarbeiter positiv vom Verhalten des Mitbewerbers unterscheidet, sich also persönlich differenzieren kann, gibt es eine Reihe weiterer Potenziale, aus denen persönliche Erfolgsstrategien entwickelt werden können. Die folgenden Strategien helfen Ihnen dabei, Ihren Verkaufserfolg sicherzustellen bzw. zu steigern. Wenn Sie als Vertriebs-Junior beginnen, ist es ratsam, dass Sie zunächst ein oder zwei der vorgestellten Strategien auswählen und „in Angriff" nehmen. Gehen Sie bei der Umsetzung schrittweise vor. Die Strategien sind konzeptionell so angelegt, dass sie unabhängig voneinander angewendet werden können. Einige Strategien erfordern einen größeren Arbeitseinsatz. Es ist hilfreich, sie gemeinsam mit dem Vorgesetzten, Tutor oder Mentor auszugestalten.

Die Erfolgsplanung

„Zwei Kundenabschlüsse weniger und ich hätte das Verkaufsziel nicht mehr erreicht", sagte der Vertriebsmitarbeiter zu sich selbst.

Machen Sie sich Ihren persönlichen Erfolg sichtbar.

Eine der Grundfragen im Vertrieb ist, ob Erfolg überhaupt planbar ist. Theoretisch ist Planung die Vorwegnahme und Festlegung von Ereignissen, die erst in Zukunft eintreten werden. Ketzerisch wird gelegentlich gesagt, die Planung sei systematischer Irrtum. In beiden Aussagen steckt ein Körnchen Wahrheit.

Zum einem besteht durchaus die Möglichkeit, in Zukunft liegende Ereignisse vorher zu planen, vor allem dann wenn der Grad der Beeinflussung, der zum Eintreten des Ereignisses führt, besonders hoch ist, beispielsweise „ich plane alle mir zugeordneten Kunden innerhalb der nächsten drei Monate persönlich aufzusuchen, um sie über Produktneuerungen zu informieren". Bei Ereignissen mit einem geringen Grad an Beeinflussungsmöglichkeiten hingegen ist systematischer Irrtum wahrscheinlich. Im Umfeld des Vertriebs treffen wir auf alle Formen planbarer Ereignisse: auf jene mit hoher und auf jene mit geringer Beeinflussungsmöglichkeit.

Das Tagesgeschäft des Vertriebsmitarbeiters

Zu Beginn der Erfolgsplanung sollte man sich erst auf diejenigen Ereignisse konzentrieren, die

- einen hohen Grad an persönlicher Beeinflussung zulassen,
- für den Verkaufserfolg von Nutzen sind.

Mit der Erfolgsplanung verbunden ist das Stecken von Zielen und Teilzielen. Folglich müssen die zu planenden Ereignisse realistisch, erreichbar, messbar und motivierend sein.

Die Erfolgsplanung ist für Vertriebsmitarbeiter in zweierlei Hinsicht von hoher Bedeutung. Zum einen werden die für den Verkaufserfolg notwendigen Tätigkeiten ins Blickfeld gerückt, sie werden fokussiert.

Beginnen Sie z. B. mit der Festlegung

- der Anzahl der Neukundenakquisetelefonate innerhalb eines Zeitintervalls,
- der Anzahl der durchzuführenden Produktpräsentationen,
- der Anzahl von persönlichen Kontakten bei Neukunden und Kunden,
- der Marktbearbeitungsstrategie (welches Marktsegment soll in welchem Zeitraum bearbeitet werden),
- von Maßnahmen im Kundenbereich innerhalb eines Zeitraumes (um z. B. die Möglichkeit von Anschlussgeschäften zu prüfen).

Alle genannten Maßnahmen bieten dem Vertriebsmitarbeiter hohe Beeinflussungsmöglichkeiten und bilden gleichzeitig fundamentale Grundlagen für den Verkaufserfolg als Ergebnis der Bemühungen.

Zum anderen geht es bei der Erfolgsplanung darum, längerfristige Ziele, z. B. das Jahresverkaufsziel in Teil- oder Etappenziele herunterzubrechen, um schon im Jahresverlauf Teilerfolge erzielen zu können und vor allem die Erreichbarkeit realistischer erscheinen zu lassen. Dem auf das Quartal oder Monat heruntergebrochenen Jahresziel können die konkreten Abschlusschancen, die in dieser Zeit zur Entscheidung gelangen, gegenübergestellt werden.

Die Abschluss- oder Erfolgsplanung lässt eine fundierte Bewertung über das Erreichen der Teil- oder Jahresziele zu und liefert dem Vertriebsmitarbeiter die notwendigen Hinweise dafür, ob das Abschluss-polster schon ausreichend ist oder die Anstrengungen noch erhöht werden müssen.

Erfolgsplanung ist ein sehr gutes Instrument, um den Blick auf die wesentlichen und wichtigen Tätigkeiten zu lenken, und hilft, den Fokus richtig zu setzen. Eine wirksame Strategie gegen Verzettelung!

Strukturiertes Kundenmanagement

„Das Geschäft mit dem Kunden Meier liegt ja schon über zwei Jahre zurück. Ich hätte schwören können, dass es letztes Jahr war, außerdem hätte ich doch längst mit unserer neuen Maschine ein Geschäft machen können", bemerkte der Vertriebsmitarbeiter als er im Rahmen eines Verkaufswettbewerbs, bei dem es um Kundenbindung ging, seine Unterlagen durchsah.

*Mischen Sie regelmäßig
Ihre Kundschaft auf!*

Zur den Hauptaufgaben des Vertriebs zählt einerseits, neue Kunden ausfindig zu machen, um den Marktanteil auszubauen zu können, andererseits gilt es, den bereits bestehenden Kundenstamm zu halten und mittels neuer oder Anschlussgeschäfte weiter aufzubauen. Diese Maßnahmen – Neukundengewinnung und Marktdurchdringung – fördern das Wachstum des Unternehmens.

Die Wachstums-Matrix in Abbildung 21 verdeutlicht diesen Zusammenhang modellhaft.

Das Tagesgeschäft des Vertriebsmitarbeiters

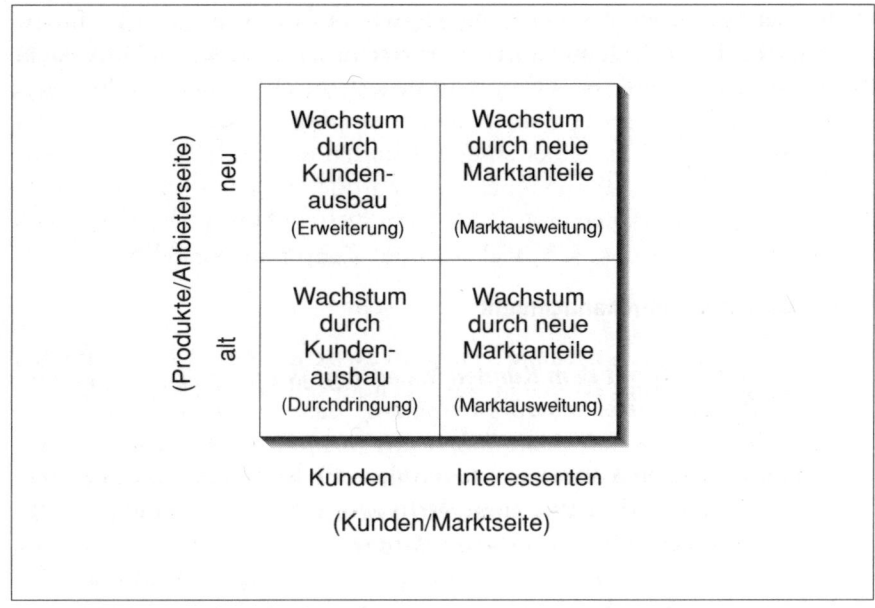

Abbildung 21: Die Wachstums-Matrix

Beim Kundenmanagement kommt es taktisch darauf an, die bestehenden Kunden gegenüber dem Wettbewerb langfristig zu binden und ferner zu prüfen, ob zusätzliche Geschäfte mit dem Kunden möglich sind. Kundenbindung und Kundenausbau sind die Hauptelemente des Kundenmanagements.

Der Vertrieb ist ergebnisorientiert ausgerichtet. Der Vertriebsmitarbeiter legt sein Hauptaugenmerk auf die Kunden, bei denen zusätzliche Geschäfte möglich sind. Er geht dabei so vor, dass er in regelmäßigen Abständen und zu einem bestimmten Zeitpunkt seinen Kundenstamm durchsieht. Zu den Kunden, mit denen ein neues Geschäft angebahnt werden kann, stellt der Vertriebsmitarbeiter Kontakt her.

Bei der Durchsicht des Kundenstamms stößt man auch auf Kunden, bei denen es zum jetzigen Zeitpunkt nicht möglich ist, ein (neues) Geschäft anzubahnen, sondern erst viel später – möglicherweise erst in ein paar Jahren. Diese Kunden verschwinden schließlich für längere Zeit aus dem Blickfeld des Vertriebsmitarbeiters.

In der heutigen Zeit des Verdrängungswettbewerbs ein nicht zu unterschätzender Fehler! Denn führt ein Vertriebsmitarbeiter die Durchsicht des Kundenstammes zeitlich unstrukturiert durch – eher zufällig oder nach Gefühl – passiert es ihm, dass ihm bei dieser erneuten Durchsicht plötzlich auffällt, dass er bei einigen Kunden ein zusätzliches Geschäft schon viel früher hätte anbahnen können oder Kunden plötzlich interessant werden, bei denen er anlässlich der letzten Aktion feststellte, dass Geschäfte erst zu einem sehr viel späteren Zeitpunkt vorstellbar sind.

Ursachen für diese Situationen können sein:

● Der tatsächlich verstrichene Zeitraum zwischen zwei Überprüfungen des Kundenstamms ist viel größer als man selber einschätzt oder eingeschätzt hat.

● Im Laufe der Zeit können verkaufstaktische Maßnahmen des Anbieters, wie Preissenkungen, neue Vertrags- oder Abrechnungsvarianten, Sonderverkäufe, Verkaufswettbewerbe oder neue Produkte, dazu führen, dass sich neue Verkaufschancen ergeben und sich für den Kunden wirtschaftliche Lösungskonzepte darstellen lassen.

Um beide Situationen auszuschließen, ist es sinnvoll seine Kundenbearbeitung regelmäßig und strukturiert durchzuführen. Diese Maßnahme wirkt wie ein Turbo und flankiert sehr wirkungsvoll die Akquisitionstätigkeit.

Die Zeitabstände zwischen den Aktionen sollten gleich groß sein. Die Dauer ist dabei von der Branche, der durchschnittlichen Vertrags- oder Nutzungsdauer, der Innovationsfreudigkeit der Anbieter usw. abhängig. Es ist wichtig, sich regelmäßig mit allen Kunden zu beschäftigen. Es gilt: je öfter, desto besser.

Sinnvolle Anlässe, um alle Kunden zu bearbeiten sind beispielsweise:

● Einladungen zu Messen

● Informationen über neue Produkte

● Einladungen zu eigenen Open-House-Veranstaltung

● Durchführung einer eigenen „Zufriedenheitsbefragung"

● Preissenkungsmaßnahmen oder neue Vertragskonditionen

● Verkaufswettbewerbe

Der frühe Verhandlungseintritt

„Ich wusste, dass Sie frühzeitig anrufen werden", meinte der Kunde. „In der Tat, jetzt müssen wir in die Beschaffung einsteigen. Können Sie noch diese Woche vorbeikommen? Übrigens, Ihr Wettbewerber hat sich noch nicht gemeldet."

„Sind beim Kunden wir die ersten,
hat es der Wettbewerb am schwersten!"

Diese alte Vertriebsweisheit hat heute mehr Gültigkeit denn je! Der frühzeitige Einstieg in neue Beschaffungsprozesse versetzt den Vertriebsmitarbeiter in eine günstige Ausgangsposition. Er hat die Chance, ohne Mitbewerberbeteiligung Grundlagen für den späteren Verkaufserfolg zu legen.

Diese sind:

● Auf- und/oder Ausbau der Beziehungsebene zum Kunden,

● fundierte Analyse der Kundensituation,

● gemeinsame Entwicklung einer Lösung, Diskussionen von Alternativen,

● Präsentation der Lösung und Forcierung der Vorentscheidung,

● ausreichend Zeit für Korrekturen und Optimierung der Lösung.

Wenn beim Beschaffungsprozess der Zeitpunkt der Entscheidung näher rückt, wird die Zeit für den Entscheider knapper.

Diejenigen Vertriebsmitarbeiter (Mitanbieter), die erst später in die Verhandlungen eintreten, haben gegenüber dem ersten erhebliche Nachteile:

● Durch die knapper werdende Zeit kann das Problem-Lösungs-Konzept nicht mehr so fundiert ausgearbeitet werden.

● Der Kunde hat sich möglicherweise schon vorentschieden und innerlich die Beschaffungsaufgabe schon abgeschlossen.

● Der „Erste" hat durch die höhere Anzahl an persönlichen Kontakten eine bessere Beziehungsebene und genießt das größere Vertrauen des Kunden.

- Aus der Sicht des Kunden ist der „erste" der fleißigere und um den Auftrag bemühtere Anbieter und hat somit eigentlich auch den Auftrag „verdient". Er hat die gesamte Vorarbeit mit dem Kunden geleistet. Aus welchen Gründen soll der Kunde ihm jetzt eine Absage erteilen, wenn die Lösung gut ist?

- Der Kunde gibt nun die Anforderungen vor und der Vertriebsmitarbeiter, der später eintritt, kann nur noch reagieren. Der geschickte „erste" kann die Anforderungen bzw. Lösungen an den Stärken der eigenen und gleichzeitig an den Schwächen der Mitbewerberlösung ausrichten und Einfluss auf den Kunden ausüben. Wenn die Lösung in Ordnung ist, gibt es für den Kunden keinen Grund dem Lösungsvorschlag des „ersten" nicht zu folgen.

Als Erster beim Kunden zu sein, stellt für den Vertriebsmitarbeiter einen extrem wirkungsvollen Wettbewerbsvorteil dar. Um sicherzustellen, dass die richtigen Einstiegszeitpunkte nicht verpasst werden, ist es für den Vertriebsmitarbeiter notwendig, eine professionell gepflegte Kunden- und Interessentenkartei zu führen, aus der unter anderem die zeitlich besten Einstiegspunkte hervorgehen.

Das Vertragsauslaufdatum der bestehenden Lösung oder übliche Abschreibungs- oder Nutzungszeiträume sowie die eingepflegten Kundeninformationen bilden gute Kriterien und Anhaltspunkte für den optimalen Einstiegszeitpunkt.

Im Gegensatz zu früher, als Vertriebsmitarbeiter relativ aufwendig Kundenkarteikarten pflegen mußten, die ständig manuell sortiert werden mußten, bietet es sich heutzutage an, auf PC-gestützte Softwareprogramme zur professionellen Kundenverwaltung zurückzugreifen.

Diese Softwareprogramme sind unter dem Begriff Computer Aided Selling, kurz CAS-Systeme, zusammengefasst. Der Einsatz von CAS-Systemen ermöglicht dem Vertriebsmitarbeiter eine erhebliche Produktivitätssteigerung und einen hohen Komfort bei der Verwaltung von Kunden- und Interessentendaten.

Professionelle CAS-Systeme bieten die Möglichkeit der Terminfortschreibung und automatischen Terminmeldung. Die Effizienz eines CAS-Programms hängt dennoch im Wesentlichen von der Pflege und Aktualisierung durch den Vertriebsmitarbeiter selbst ab. Diese wichtige

Aufgabe bleibt ihm nicht erspart. Dazu zählt auch, regelmäßig eine Sicherung der Daten durchzuführen oder einen Papierausdruck zu erstellen. Im Falle eines technischen Defekts kann er auf diesen Bestand zurückgreifen.

Die Vertragsabschlussmessung

„Hätte ich jetzt noch zwei Abschlusschancen, dann könnte ich das Jahresziel erreichen. Jetzt muss mir bei meinen bestehenden Chancen aber alles gelingen, sonst schaffe ich es nicht", stellte der Vertriebsmitarbeiter im letzten Monat des Geschäftsjahres fest.

Miss es,
oder vergiss es.

Eine zentrale Erfolgskennzahl stellt für den Vertriebsmitarbeiter die Abschlussquote dar. Sie zeigt auf, wie hoch die Anzahl der tatsächlichen Geschäfte im Vergleich zur Anzahl der Abschlussmöglichkeiten innerhalb eines Zeitraums sind. Diese Messung kann jeder Vertriebsmitarbeiter selbst durchführen.

Das Bemerkenswerte an der Abschlussquote (Verhältnis zwischen tatsächlichen Abschlüssen und Abschlussmöglichkeiten) ist, dass diese Quote relativ stabil ist. In dieser Kennzahl kommen das vertriebliche Leistungsvermögen, das Können und die Erfahrung des Vertriebsmitarbeiters zum Ausdruck. Grundlage für diese Messung bildet die Vertragsabschlussplanung, also die Auflistung der Verkaufszyklen von denen der Vertriebsmitarbeiter überzeugt ist, dass er das Geschäft für sich realisieren wird (hohe Abschlusswahrscheinlichkeit).

Die Abschlussquote ist in der Regel im Kundenbestand höher als im Neukundengeschäft. Die Analyse der persönlichen Abschlussquote ist dadurch zu ermitteln, dass der Vertriebsmitarbeiter die Abschlusschancen ins Verhältnis zu den tatsächlichen Abschlüssen des Vergleichszeitraums setzt. Dieser Zeitraum ist abhängig von der durchschnittlichen Dauer eines Verkaufszyklus.

Bei Vertriebs-Junioren ist je nach notwendiger Einarbeitungszeit die Abschlussquote unterhalb des Durchschnitts, z. B. seines Verkaufsteams, anzunehmen.

Nach Ermittlung der persönlichen Abschlussquote ist dann leicht zu errechnen, wie viele Chancen der Vertriebsmitarbeiter ständig benötigt, um das gesteckte Jahresziel (oder Teilziel) erreichen zu können. Je nach Quote legt der Vertriebsmitarbeiter die Anzahl benötigter Chancen fest und entwickelt einen Akquisitionsplan. Der Umfang der Anstrengungen kann erfasst und eingeschätzt werden. Reicht die bestehende Chancenmenge schon aus? Habe ich eine Erfolg versprechende Grundlage für die Zielerreichung? Müssen meine Prioritäten in der Tagesarbeit neu festgesetzt werden?

Der Vorzug dieser Strategie liegt darin, dass durch die regelmäßige Messung der eigenen Abschlussquote Überraschungen am Geschäftsjahresende vorgebeugt werden kann. Der Vertriebsmitarbeiter kann im Laufe der Zeit die Entwicklung seiner Quote erkennen und seine Akquisition danach ausrichten.

Letztlich ist es für den Vertriebsmitarbeiter viel einfacher die notwendige Anzahl an Geschäften mittels Akquisition anzubahnen als zu versuchen, die persönliche Abschlussquote kurzfristig zu erhöhen. Die Steigerung der persönlichen Abschlussquote ist nur schrittweise und über einen längeren Zeitraum möglich, denn in dieser Abschlussquote drückt sich vor allem Erfahrung und Können aus. Der aktuellen Abschlussquote kann der Vertriebsmitarbeiter allerdings vertrauen.

Von den Besten lernen

„Jetzt kommt meine Kollegin schon wieder mit einem Vertrag in die Geschäftsstelle, das ist nun schon der fünfte Abschluss in diesem Monat, wie macht sie das bloß ... ?"

Heften Sie sich an die Fersen
der Erfolgreichen,
lüften Sie ihr Geheimnis.

Den Kern dieser Strategie bildet die Bereitschaft, von den Besten zu lernen, sich zu vergleichen und herauszufinden, welche Tätigkeiten wann und in welcher Intensität von den besonders erfolgreichen Vertriebskollegen durchgeführt werden.

Dies ist nicht einfach, denn prinzipiell befinden sich Vertriebsmitarbeiter, die in einem Verkaufsteam arbeiten, gleichzeitig in einer Konkurrenzsituation. Wer gesteht sich schon gerne das Gefühl ein, dass der Kollege oder die Kollegin manche Dinge möglicherweise besser beherrscht?

Es erfordert schon etwas Mut, auf die Kollegen zuzugehen, um herauszufinden, was sie so erfolgreich macht. Dazu ist auch manchmal erforderlich, Selbstkritik zuzulassen. Hat man diese Hürde jedoch erst einmal überwunden, kann man sehr viel davon profitieren. Eine gute Gelegenheit etwas von Kollegen über ihre Vorgehensweise zu erfahren ist, sie z. B. bei einer Angebotserstellung oder Gesprächsvorbereitung um Unterstützung zu bitten. Es ist effektiver die Kollegen bei der praktischen Arbeit zu beobachten als sie nach ihrem „Erfolgsrezept" zu befragen.

Gerade für Vertriebseinsteiger ist es wichtig, Feedback über ihr eigenes Verkaufsverhalten und ihre Wirkung auf andere zu bekommen. Dies ist notwendig, um Ansätze für die persönliche Weiterentwicklung zu finden, und um nicht Erfolg versprechendes Verhalten frühzeitig erkennen zu können. Für Menschen ist es äußerst schwierig allein herauszubekommen, wie eigenes Verhalten auf andere wirkt. In der Psychologie spricht man – neben dem selbst wahrnehmbaren Verhalten – vom so genannten „Blinden Fleck". Das ist der Teil des eigenen Verhaltens, der von einem selbst nicht wahrgenommen werden kann.

Das „Johari-Fenster", das von Joe Luft und Harry Ingham entwickelt wurde, stellt ein Erklärungsmodell für diesen Blinden Fleck dar. In diesem Erklärungsmodell wird die Persönlichkeit in vier Bereiche unterteilt.

- Bereich, der für einen selbst und andere erlebbar ist (öffentlicher Bereich)

- Bereich, der nur für einen selbst zugänglich ist (privater Bereich)

- Bereich, der niemandem sichtbar ist (unbekannter Bereich)

- Bereich, der nur für Mitmenschen wahrnehmbar ist (Blinder Fleck)

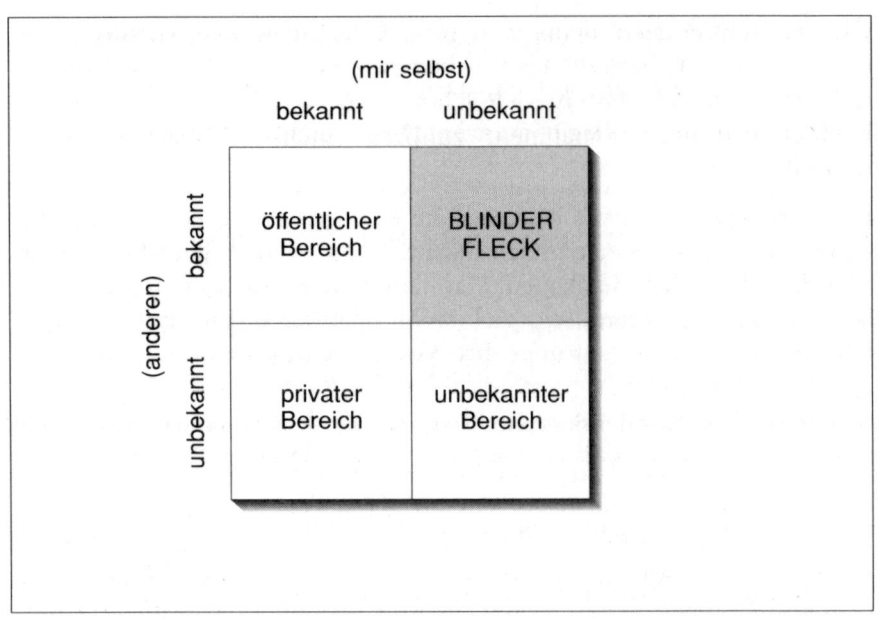

Abbildung 22: Das „Johari-Fenster" von Joe Luft und Harry Ingham

Allein die Bereitschaft, diesen Schritt zu gehen, Selbstkritik zuzulassen bildet schon eine Grundlage, um seine Fähigkeiten zu verbessern und weiterzuentwickeln. Dabei ist es wichtig, dass der Vertriebsmitarbeiter sowie der bzw. die „Erfolgreiche" beim Feedbackgeben offen miteinander umgehen. Einem Kollegen Feedback zu geben, bedeutet gleichzeitig ein hohes Maß an Verantwortungsübernahme. Deshalb sollten dabei einige Regeln beachtet werden, damit das Feedback für den Partner den gewünschten Nutzen bringt:

- Direkte Rückmeldung an den Partner (der Partner erhält eine Rückmeldung über den subjektiven Eindruck des Beobachters)

- Konkrete Informationen (so genau wie möglich formulieren)

- Konstruktiv sein

- unmittelbar Feedback geben (Ihr Partner sollte unmittelbar nach dem Erlebten ein Feedback geben. Sie sollten aufnahmebereit dafür sein.)

- „Ich"-Botschaften senden (...mir ist aufgefallen, dass du/Sie...)

- Keine Rückmeldung zu Dingen, die nicht zu ändern sind

- Rückmeldungen annehmen, zuhören (nicht rechtfertigen, nicht unterbrechen)

Folgende Vertriebstätigkeiten bilden geeignete Lehrbereiche, um von den Besten lernen zu können:

- gemeinsames Telefonieren,

- dem Kollegen bei seiner Telefonakquisition zuhören,

- gemeinsame Kundenbesuche, Erstbesuche, Abschlussverhandlungen,

- Teilnahme an Produktpräsentationen und/oder Ähnlichem,

- gemeinsame Erstellung von Kunden-Lösungs-Konzepten.

Neben dieser individuellen Vorgehensweise, die durch den Vertriebsmitarbeiter selbst initiiert werden kann, können Lernmöglichkeiten auch vom Vorgesetzten strukturiert forciert und ermöglicht werden.

Dazu zählen beispielsweise

- die zeitlich begrenzte und persönliche Zuordnung eines erfolgreichen Kollegen zu einem Vertriebsmitarbeiter als Mentor oder Coach,

- Team-Meetings, in denen jeder Vertriebsmitarbeiter eine Präsentation zum Thema „besonders schwieriger Verkaufszyklus und wie ich ihn gemeistert habe" vorbereitet und präsentiert,

- die Durchführung von regelmäßigen Team-Schulungen, bei denen besonders erfolgreiche Vertriebsmitarbeiter zu bestimmten Schwerpunktthemen Auskunft geben oder gemeinsam Lösungsstrategien zu konkreten Praxisproblemen erarbeitet werden,

- gemeinsame Team-Aktionen, z. B. Akquisitionstage, um allen Teammitgliedern die Chance zu geben, voneinander zu lernen,

- regelmäßige Kommunikation von Erfolgsstorys (Ausgangslage, Problemstellung im Verkaufszyklus und Lösungsansatz) durch die Verkaufsleitung.

Die persönliche Einstellung

„Auf Messen kann man doch nichts verkaufen", sagte ein Vertriebsmitarbeiter des Nachbarstandes seinem bekannten Vertriebskollegen bei einem Messebesuch. „Komisch", dachte sich der andere, „ich habe schon fünf Messeabschlüsse zusammen."

Wagen Sie eine mutige Einstellung, setzen Sie sich ungewöhnliche Ziele!

Die persönliche Einstellung schließt das Phänomen der sich selbsterfüllenden Prophezeiung mit ein. Wenn ich glaube oder annehme, dass beispielsweise auf einer Messe keine Vertragsabschlüsse möglich sind, dann treffe ich auch keine Vorbereitungen dafür, verhalte mich gegenüber Kunden entsprechend zurückhaltend und tatsächlich tätige ich auch keine Abschlüsse. Das Unterbewusstsein steuert dieses Verhalten. Wird dieses Verhalten Jahr für Jahr wiederholt, setzt sich die Erkenntnis durch, dass auf einer Messe keine Vertragsabschlüsse möglich sind.

Es ist ratsam, an derartigen „Tatsachen" zu zweifeln und stattdessen nach Möglichkeiten zu suchen, Voraussetzungen für Vertragsabschlüsse auf der Messe zu schaffen. Tatsächlich ist es nämlich so, dass der Verkaufserfolg – auch der auf einer Messe – überwiegend von der persönlichen Einstellung abhängt. Wenn sich ein Vertriebsmitarbeiter vornimmt, ein Verkaufsziel zu erreichen, dann beginnt er automatisch darüber nachzudenken, wie er dieses Ziel erreichen kann. Er macht sich Gedanken darüber, wen er zur Messe einlädt, ob bei den Kunden, die eingeladen werden, Abschlusschancen bestehen, er bereitet den Messetermin vor, bittet die Geschäftsleitung um Messerabatt etc. Dadurch steigt die Erfolgswahrscheinlichkeit und es können Verkaufsabschlüsse realisiert werden.

Die persönliche Einstellung, die daraus folgende Zielsetzung sowie die kreative Entwicklung von Maßnahmen, um das gesteckte Ziel zu erreichen, gilt nicht nur für den Vertrieb, sondern für viele andere Lebensbereiche gleichermaßen.

Erika Spieß stellt in ihrem Buch „Der Verkäufer als Psychologe" einen Versuch des amerikanischen Professors für Sozialpsychologie in Harvard, R. Rosenthal, vor.

Rosenthal führte in mehreren Schulklassen Intelligenztests durch, wobei ihn die Ergebnisse nicht wirklich interessierten. Er erklärte „blind" in jeder Klasse 20 Prozent der Geprüften zu sehr hoffnungsvollen Schülern. Den Lehrern erklärte er, dass von diesen Kindern in naher Zukunft besondere Lernfortschritte zu erwarten seien. Acht Monate später wiederholte Rosenthal seinen Test bei den Schülern. Nun verglich er die Ergebnisse beider Tests und entdeckte, dass seine willkürlich als „Schüler der Zukunft" Bezeichneten tatsächlich die größten Fortschritte gemacht hatten.

Diese „verblüffende" Entwicklung ist darauf zurückzuführen, dass die Lehrer den als besonders begabt deklarierten Schülern höhere Aufmerksamkeit widmeten. Diese Schüler wurden freundlicher behandelt, öfter und gründlicher kontrolliert und korrigiert. Die Lehrer stellten diesen Schülern schwierigere und interessantere Aufgaben und zeigten bei der Aufgabenlösung mehr Geduld. Der Glaube der Lehrer an die Unterschiede bewirkte also eine Veränderung in die gewünschte Richtung.

Klar ist aber auch, dass Erfolge nur möglich sind, wenn eine Erfolgswahrscheinlichkeit gegeben ist. Wichtig und entscheidend ist jedoch, zu erkennen, dass es sich lohnt, an einer positiven Erfolgseinstellung zu arbeiten.

KURZCHECK

○ Durch persönliche und individuelle Differenzierung kann man wirkungsvolle Wettbewerbsvorteile aufbauen.

○ Der Kunde setzt Sie mit dem Unternehmen gleich, Sie sind das Unternehmen.

○ Viele Erfolgsstrategien können ohne intensive Trainings sofort im Tagesgeschäft umgesetzt werden.

○ Hohe Eigendisziplin zieht sich wie ein roter Faden durch die meisten Erfolgsstrategien.

○ Der Verkaufserfolg wird überwiegend durch Sie selbst, durch Ihre Person herbeigeführt.

○ Seien Sie authentisch, bleiben Sie sich im Verkauf selbst treu.

Der Entlohnungsprozess im Vertrieb

Der Vertrieb bietet generell gute Verdienstmöglichkeiten. Kaum ein anderes Berufsbild ermöglicht dem Berufseinsteiger in gleichem Maße, sein Einkommen in kurzer Zeit deutlich zu steigern. Deshalb stellt die Entlohnung für viele ein reizvolles Motiv dar, eine Vertriebsaufgabe anzunehmen.

Seit Jahren unterliegt die generelle Entlohnungsform im Vertrieb einem Wandel. Der aktuelle Trend ist die Kombination von fixen und variablen Gehaltsbestandteilen. Zusammen ergibt sich ein „nach oben offenes" Bezahlungssystem. Dies ermöglicht dem Vertriebsmitarbeiter, selbst großen Einfluss auf die Höhe seines Einkommens ausüben zu können. Dem Unternehmen wiederum eröffnet sich dadurch die Möglichkeit, über die Einkommenshöhe die Vertriebsmitarbeiter effektiv – im Sinne der Zielsetzungen – zu steuern.

Im Investitionsgütervertrieb kann bei Zielerreichung ein Einkommen von circa 50.000 € (Euro) erreicht werden. Dies ist ein erster Anhaltspunkt. Von den meisten Berufseinsteigern kann dieses Einkommen – aufgrund der Lern- und Übungsphase – zwar noch nicht im ersten Berufsjahr erzielt werden, es zeigt aber die Perspektive auf.

Die Entlohnung in der genannten Kombination ist sehr stark leistungsorientiert. Die eigene Leistung – der Arbeitseinsatz – beeinflusst die Höhe der Bezahlung.

Die folgenden Abschnitte befassen sich mit den Grundlagen von Entlohnungsprozessen und zeigen die praktischen Vor- und Nachteile unterschiedlicher Entlohnungssysteme auf.

Grundsätzlich ist die Entlohnung im Vertrieb – wie auch in anderen Bereichen – abhängig von

- der in der Funktion möglichen Wertschöpfung für das Unternehmen,

- der erforderlichen Qualifikation des Stelleninhabers,

- dem Schwierigkeitsgrad der Aufgabe,

- branchenüblichen Einkommensmöglichkeiten,

- der individuellen Vorstellung der Unternehmensleitung über die Höhe des Einkommens.

Es wird unterschieden zwischen den Entlohnungsformen:

- fixe Entlohnung (Grundgehalt; fixe Bezüge)
- variable Entlohnung (reines Provisions-, Prämien- und/oder Bonus-system)
- Kombination fixer und variabler Einkommensbestandteile

Vor- und Nachteile der fixen Entlohnung im Vertrieb

Die fixe Entlohnung bedeutet für den Vertriebsmitarbeiter, ein unabhängig vom erzielten Geschäftserfolg gleich hohes Festeinkommen zu erhalten. Die Gehaltsentwicklung wird im Rahmen der üblichen Gehaltsüberprüfungstermine, Firmenzugehörigkeitsdauer, usw. festgelegt. Vorteil dieser Bezahlungsform ist, dass der Vertriebsmitarbeiter auch in Phasen „geringeren" Geschäftserfolges stets das gleiche Gehalt erhält. Der Vertriebsmitarbeiter gerät nicht so schnell unter wirtschaftlichen Druck. Nachteil dieser starren Bezahlungsform ist, dass nur wenig Motivationseffekte über das Einkommen erzielt werden können. Nachlassende Arbeitsfreude und nachlassender Arbeitseinsatz könnten sich als schleichender Prozess etablieren, der durch die variable Entlohnung mögliche Selbststeuerungs- und Motivationseffekt bleibt aus. Auch wird die Steuerungsmöglichkeit über variable (an Zielsetzung und Erfolg orientierte) Gehaltsbestandteile weitestgehend ausgeschlossen. Der Vertriebsleitung fehlt ein wichtiges Steuerungstool. Die Möglichkeit des Vertriebsmitarbeiters, die eigene Einkommenshöhe kurzfristig selbst gestalten und beeinflussen zu können, entfällt ebenfalls.

Fixe Entlohnungssysteme sind in Märkten mit Verteilungscharakter und Betreuungs- anstelle von Vertriebsverhalten häufiger anzutreffen. In Verdrängungsmärkten ist die Entlohnung über ausschließlich fixe Einkommen eher selten, hier herrscht das kombinierte Entlohnungssystem vor, um alle über die Einkommensausgestaltung zur Verfügung stehenden motivatorischen Effekte ausschöpfen zu können.

Vor- und Nachteile der variablen Entlohnung im Vertrieb

Bei der variablen Entlohnung ist die Höhe des Einkommens vom erzielten individuellen Geschäftserfolg abhängig. Das Einkommen wird durch ein vorher festgelegtes und vereinbartes Provisions-/Prämien- und/oder Bonussystem festgelegt. In diesen Programmen werden die Bezahlungskriterien und die Höhe der Auszahlungsbeträge festgelegt. Umsatz, Deckungsbeitrag, Stückzahl, Vertragsform sowie übergeordnete Unternehmensziele wie Cash-Flow, Gewinn, usw. bilden dabei die Bezahlungskriterien.

Vorteil dieser Bezahlungsform ist die Genauigkeit der Relation zwischen dem Wert des Geschäftes und dem daran geknüpften Einkommen.

Nachteil dieser Bezahlungsform ist, dass

▶ **der Vertriebsmitarbeiter ständig unter Erfolgsdruck steht, um seinen Lebensunterhalt bestreiten und sichern zu können**
Der Handelsvertreter, für den die rein variable Entlohnung üblich ist (5 Prozent bis 15 Prozent vom Umsatz), verfügt über mehrere Vertretungen und kann erfolgreiche und weniger erfolgreiche Vertretungen ausgleichen. Im Vergleich dazu hat der abhängig angestellte Vertriebsmitarbeiter (Reisender) diese Möglichkeit des Ausgleichs nicht.

▶ **sich erfolglose Phasen zur existenziellen Bedrohung ausweiten können**
In einer anhaltend erfolglosen Phase erzielt der Mitarbeiter kein Einkommen mehr. Er muss seinen Lebensunterhalt von Ersparnissen bestreiten oder das Konto überziehen. Er wird zunehmend nervöser, verkrampfter und neigt zum Überverkaufen, oder er denkt über den Wechsel in ein anderes Unternehmen nach. Das ist demotivierend und belastend für den betroffenen Mitarbeiter.

Die Kombination des fixen und variablen Entlohnungssystems

Die Kombination von fixen Einkommensbestandteilen (Grundgehalt) und variablen Einkommensbestandteilen (Provisionen, Prämien, Bonus) ist eine aktuell übliche und die beste weil bewährte Entlohnungsform im Vertrieb.

Die Summe der fixen und variablen Einkommensbestandteile (geplante Summen bei Zielerreichung) stellt das Solleinkommen bei Zielerreichung für den Vertriebsmitarbeiter dar.

Bei der Kombination von fixen und variablen Gehaltsbestandteilen ist es notwendig, ein Solleinkommen zu definieren. Das Solleinkommen ist

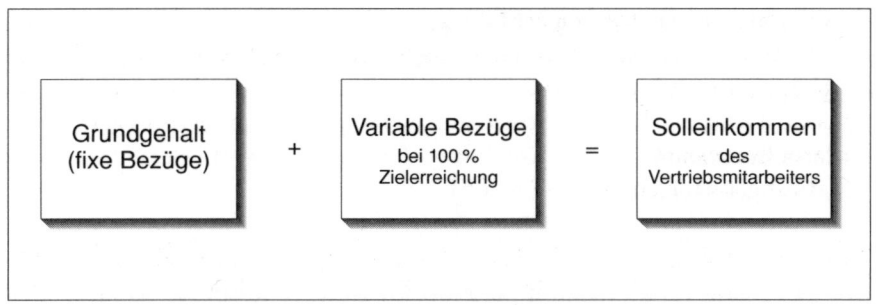

Abbildung 23: Die Ermittlung des Solleinkommens für Vertriebsmitarbeiter

das Planeinkommen bei 100 %-Zielerreichung. Man geht bei der Summe der variablen Bezüge üblicherweise von der durchschnittlichen Menge und Art der Geschäfte, die innerhalb eines Jahres pro Vertriebsmitarbeiter abgeschlossen werden könnten, aus.

Das Solleinkommen selbst ist wie bei anderen Gehaltsfindungsprozessen, abhängig von

● der möglichen Wertschöpfung für das Unternehmen,

● der notwendigen Qualifikation und dem Schwierigkeitsgrad der Aufgabe,

● branchenüblichen Einkommenshöhen,

● Vorstellungen der Unternehmensleitung.

Bei der Festlegung des Solleinkommens ist zunächst die Frage über die Höhe des Grundgehaltes (fix) zu klären. Wird das Grundgehalt sehr niedrig angesetzt, so dass in erfolglosen Phasen, der Lebensunterhalt nicht mehr bestritten werden kann, treten die gleichen Effekte wie bei der variablen Entlohnung ein. Wird das Grundgehalt zu hoch angesetzt, werden die Motivations- und Steuerungseffekte der variablen Entlohnung geschmälert.

Diese sind

▶ **die Förderung des Ansporns, Geschäfte zu realisieren,**
(Motivation)

▶ **Vertriebssteuerungsmöglichkeiten,**
(Welche Ziel- oder Produktgruppe ist besonders wichtig für das Unternehmen?)

▶ **faire Bezahlung.**
(„Gutes Geschäft, gutes Geld.")

Es ist sinnvoll, das Grundgehalt so anzusetzen, dass die Basiselemente des Lebensunterhalts damit abgedeckt werden können, so dass der Vertriebsmitarbeiter keine Angst davor haben muss in erfolgloseren Phasen existenziell bedroht zu werden.

Ist die Höhe des fixen Bestandteils festgelegt, wird im nächsten Schritt die Höhe des Solleinkommens festgelegt (bei 100 Prozent der Zielerreichung).

Der Unterschiedsbetrag zwischen Solleinkommen und fixem Gehaltsbestandteil ist der variable Bestandteil, der nunmehr zum Verkaufsziel in Abhängigkeit gesetzt wird.

Ist der variable Gehaltsbestandteil ermittelt und ist eine Verkaufszielvorgabe festgelegt, kann das Provisionssystem entwickelt werden. Man weiß, was man vom Vertriebsmitarbeiter erwartet (Verkaufsziel), kennt den Betrag des Solleinkommens (bei 100 Prozent) und kann nun die Geschäfte hinsichtlich der Verprovisionierung so berechnen, dass bei 100 %-Zielerreichung circa der variable Bestandteil und somit das Solleinkommen erreicht wird.

Der Vorteil dieses Bezahlungssystems über Solleinkommen liegt darin, dass der Vertriebsmitarbeiter bei Übererfüllung der Verkaufsziele ein über dem Solleinkommen liegendes Einkommen erzielt, andererseits

---

SOLL-Einkommen bei 100 %-Zielerreichung

Abzüglich fixer Bestandteil (Grundgehalt)

─────────────────────────────

= variabler Bestandteil

Abbildung 24: Ermittlung des variablen Gehaltsbestandteils für Vertriebsmitarbeiter

Das Tagesgeschäft des Vertriebsmitarbeiters

derjenige der die Erwartungen noch nicht erfüllen kann (weniger als 100 Prozent) auch ein unter dem Solleinkommen liegendes Einkommen erzielt, aber aufgrund des vernünftigen Grundgehalts nicht um sein Auskommen fürchten muss.

Grundzüge und Aufbau eines Provisions-/Prämiensystems

Die Einführung der kombinierten Bezahlungsform macht es erforderlich, die Regeln für die Bezahlung für die variablen Gehaltsbestandteile festzulegen. Dies geschieht durch die Ausgestaltung eines Provisions- oder Prämienprogramms für den Vertrieb. Üblich ist, dass ein Provisionsprogramm für die gesamte Vertriebsmannschaft einheitlich gestaltet wird. Eine individuelle Ausgestaltung sollte nur im Ausnahmefall, z. B. wenn die Vertriebsmannschaft in verschiedene Vertriebsmitarbeitertypen aufgeteilt ist, praktiziert werden. Das oberste Prinzip lautet: Fairness und Nachvollziehbarkeit für die Betroffenen.

Der Umfang sowie die Ausgestaltung des Programms hängen ab von

▶ **der möglichen Anzahl der unterschiedlichen Geschäftsvorfälle,**

▶ **der Vertriebsstruktur,**
  (Anzahl Vertriebsmitarbeitertypen)

▶ **vertriebssteuerungstechnischen Überlegungen.**

Grundsätzlich ist durch Provisions-, Prämien- oder Bonuszahlungen

● der Geschäftsabschluss in Abhängigkeit von der Wertschöpfung und Unternehmenszielsetzung,

● der Anstrengungsgrad zur Realisierung des Geschäfts und

● der anschließende Betreuungsaufwand durch den Vertriebsmitarbeiter

zu entlohnen. Dabei sollte versucht werden, eine faire und nachvollziehbare Relation zwischen den aufgezählten Elementen herbeizuführen, damit das Programm vom Vertriebsmitarbeiter angenommen und akzeptiert wird.

Grundprobleme von Provisions-/Prämiensystemen

Das System sollte, um hinsichtlich Motivation, Akzeptanz und Vertriebssteuerung seine Wirkung entfalten zu können, anhand folgender Anforderungen ausgerichtet und entwickelt werden:

▶ **Plausible Relation zwischen dem „Wert" des Geschäfts für das Unternehmen und dem Provisionsbetrag.**
Wenn ein Geschäft dem Unternehmen etwas bringt, dann muss es sich auch für den Vertriebsmitarbeiter auszahlen, bringt es dem Unternehmen wenig, dann wird auch eine geringere Provision bezahlt.

▶ **Eindeutigkeit und Verständlichkeit der Regeln.**
Der Raum für mögliche Auslegungen muss so gering wie möglich gehalten werden, damit keine Missverständnisse entstehen können.

▶ **Berücksichtigung der zukünftigen Marktentwicklung.**
Beispielsweise wenn absehbar ist, dass das Preisniveau sinkt.

▶ **Fairness für die Betroffenen**
Die betroffenen Vertriebsmitarbeiter müssen sich fair behandelt fühlen, ansonsten bleibt der Motivationseffekt aus.

Bei einem einfachen Leistungsumfang eines Anbieters, ist die vollständige Erfüllung obiger Anforderungen einfach umzusetzen. Ist der Leistungsumfang hinsichtlich der Produktlinien (Anzahl und Tiefe) und den Zielmärkten jedoch sehr umfangreich, wird es schwierig die genannten Anforderungen hundertprozentig zu erfüllen. Hierin liegt ein Grundproblem von Provisions- und Prämienprogrammen.

Bei einem sehr komplexen Leistungsumfang ist es sehr schwierig bis unmöglich, alle möglichen Geschäftsvorfälle eindeutig zu erfassen, zu identifizieren und zu regeln.

Stellt man sich ein Unternehmen mit 10 Maschinen, die neu und gebraucht unter Anwendung von 5 unterschiedlichen Vertragsformen in 3 Zielmärkten verkauft werden, vor, dann ergeben sich (Sonderfälle, Vertriebsstrukturen und Ausnahmen nicht berücksichtigt) 10 x 2 x 5 x 3 = 300 mögliche Standardgeschäftsvorfälle.

Der Raum für individuelle Auslegungen im „Regelnwald" nimmt zu, und es werden Geschäfte getätigt, die vorher gar nicht gedanklich erwägt wurden. Die Vertriebsmitarbeiter sind verunsichert, da ihnen nicht klar ist, wie die Provision ermittelt werden soll. Die Vertriebsleitung wird immer wieder in Diskussionen über das, was eigentlich „gerecht" und „richtig" wäre, verwickelt. Die Mitarbeiter, die im administrativen Bereich arbeiten, werden immer wieder mit neuen Fällen konfrontiert. Die Kontrolle der Provisionsermittlung ist schwierig. Es müssen Sonderfallregeln her. Um einer solchen Entwicklung vorzubeugen, sollte die Vertriebsleitung sich ausreichend Zeit nehmen, um das Provisionssystem so einfach wie möglich zu gestalten.

Ebenfalls ist es in dynamischen Märkten sehr schwierig bis unmöglich, die zukünftigen Entwicklungen richtig vorherzusagen, sie können allenfalls eingeschätzt werden. Letztlich wird das Provisionssystem im Ergebnis zum Bestandteil des ständigen Management-Prozesses. Es muss immer wieder überprüft, angepasst, weiterentwickelt und optimiert werden. Es ist nicht möglich, ein Provisionssystem zu entwickeln und ohne Veränderungen über Jahre hinweg als gelöste Aufgabe anzusehen. Es veraltet, die Akzeptanz der Betroffenen sinkt und die Effekte, die sich bei richtiger Ausgestaltung ergeben, verpuffen. Die Gültigkeitsdauer eines Provisionssystems hängt im Wesentlichen von der Marktsituation ab. Üblich ist ein Zeitraum, der dem Geschäftsjahr entspricht. In besonders dynamischen Märkten sollte das System aber auch im laufenden Geschäftsjahr überprüft und gegebenenfalls angepasst werden. Für den Fall, dass das Provisionssystem mitbestimmungspflichtig ist, sollte ausreichend Zeit für die Verhandlungen mit dem Betriebsrat eingeplant werden. Dann sollte das System so angelegt sein, dass Änderungen im Gültigkeitszeitraum Ausnahmen darstellen, um die notwendige Zeit für erneute Verhandlungen zu reduzieren. Notwendige Korrekturen können parallel zum Provisionssystem über zusätzliche Verkaufswettbewerbe durchgeführt werden.

Der Vertriebssteuerungsaspekt durch Provisions-/Prämiensysteme

Das Provisionssystem erfüllt einerseits die Grundanforderung einer leistungsbezogenen Entlohnung. Darüber hinaus ist das Provisionssystem ein wichtiges Werkzeug zur Vertriebssteuerung. Dabei wird der Motivationseffekt durch die variablen Einkommensmöglichkeiten genutzt.

Über ein gut gestaltetes Provisionssystem können die Unternehmens-
interessen mit dem Einzelinteresse des Vertriebsmitarbeiters (möglichst
hohes Einkommen zu erzielen) in Einklang gebracht werden. Geschäfte, die sich lohnen und/oder vom Unternehmen gewünscht sind und somit von hoher Bedeutung sind, werden entsprechend hoch verprovisioniert, Geschäfte von geringem Interesse entsprechend niedriger.

Steht z. B. das Unternehmensziel Marktwachstum für das Unternehmen
im Vordergrund, könnten die Geschäfte, die mit neuen Kunden ge-
schlossen werden, höher verprovisioniert werden. Der wertmäßige Ab-
stand zwischen dem Kundengeschäft und dem Neukundengeschäft
könnte mit einem zusätzlichem Berechnungsfaktor ausgedrückt werden.

Eine weitere Möglichkeit, das Marktwachstum zu fördern, bestünde
darin, einen mehrstufigen Verprovisionierungsprozess zu etablieren.
Das übliche lineare System würde proportional ausgestaltet werden. Je
nach Zielerreichungsgrad erhält der Vertriebsmitarbeiter zusätzliches
Geld. Dabei bildet die Steigerung der Provision kurz vor der Zielerreichung und eine weitere Steigerung ab 100 Prozent Zielerreichung und
höher die klassische Form der proportionalen Verprovisionierung.

„Z. E." steht für Zielerreichungsgrad. Je nach Zielerreichungsgrad wird
die errechnete Provision nochmals mit einem Faktor multipliziert. Hinter
diesem Beispiel einer proportionalen Ausgestaltung steht der Leitgedan-
ke, dass der Vertriebsmitarbeiter kurz vor Zielerreichung nochmals
durch den höheren Faktor angespornt wird, das Ziel zu erreichen, und
diejenigen, die bereits ihre Ziele erreicht haben, zu motivieren, weiterzumachen, um das Einkommen über den Faktor deutlich zu erhöhen.

Beispiel einer proportionalen Verprovisionierung in einem dreistufigen System		
bis 80 % Z. E.		= Faktor 0,9
81 %	bis 100 % Z. E.	= Faktor 1,2
101 %	und höher	= Faktor 1,5

Abbildung 25: Beispiel einer mehrstufigen proportionalen Verprovisionierung

Um die Akzeptanz in der Vertriebsmannschaft für ein solches Modell sicherstellen zu können, ist es erforderlich, dass die Hintergründe der Unternehmensstrategie und somit die Bedeutung bestimmter Geschäfte für die Vertriebsmitarbeiter nachvollziehbar und verständlich sind. Alles andere führt zur Verwirrung.

Verkaufswettbewerbe und ihre Zielsetzungen

Bei Verkaufswettbewerben ist grundsätzlich der monetäre Entlohnungsaspekt vom Wertschätzungsaspekt zu trennen. Unter den Wertschätzungsaspekten sind motivatorische Maßnahmen zu verstehen, die persönlich für den Vertriebsmitarbeiter unter gruppendynamischen Gesichtspunkten durchgeführt werden. Dabei sollen Ehrgeiz, Siegeswillen, persönliche Genugtuung, und persönliche Befriedigung gefördert werden. Hierzu stehen die Möglichkeiten der öffentlichen Ehrung, die Teilnahme an Reisen, die Veröffentlichung der Ergebnisse durch Rankings, die Übergabe von Urkunden, die Teilnahme am „Club der Besten" etc. zur Verfügung.

Grundlage bilden Verkaufswettbewerbe, die in ihrer Gesamtheit verschiedene Zielsetzungen verfolgen können:

▶ **Schaffung eines zusätzlichen Anreizsystems**
  Um z. B. dem urlaubsbedingten Rückgang des Geschäfts in der Sommerzeit entgegenzuwirken oder das Geschäft zum Geschäftsjahresende hin zu pushen.

▶ **Korrektur nicht geplanter Einkommensentwicklungen**
  Der Verkaufswettbewerb (zusätzlich im laufenden Geschäftsjahr) kann negative Einkommenseffekte aufgrund nicht planbarer Marktentwicklungen kompensieren, ohne das Provisionssystem ändern zu müssen (die Änderung des Provisionssystems ist in der Regel mitbestimmungspflichtig und erfordert Zeit und Anstrengung).

▶ **Feinabstimmung und Ausrichtung auf ertragreiche Geschäfte**
  Sollte sich im laufenden Geschäftsjahr herausstellen, dass geplante Stückzahlen nicht erreicht werden, dient der Verkaufswettbewerb als Fokussierungsmaßnahme, um die Vertriebsaktivitäten in die gewünschte Richtung zu lenken und zu verstärken.

▶ Änderung der Unternehmensstrategie

Ein anderer Grund stellt die Veränderung oder Anpassung der Unternehmensstrategie im laufenden Geschäftsjahr dar. Der Verkaufswettbewerb dient dann der Fokusänderung, die Vertriebsschwerpunkte werden der veränderten Situation angepasst.

Die zeitliche Dauer eines Verkaufswettbewerbs ist grundsätzlich von der üblichen Dauer eines Verkaufszyklus abhängig und kann demnach je nach Branche unterschiedlich lang sein.

Bei der Planung von Verkaufswettbewerben ist jedoch hinsichtlich der Zeitdauer darauf zu achten, dass eine Vorlaufzeit mit eingeplant wird. Diese Vorlaufzeit ist vor allem bei Verkaufswettbewerben, die eine Fokusänderung zum Inhalt haben, wichtig, damit die Verkaufsmannschaft innerhalb des Wettbewerbs Zeit für die Umstellung und die Neuausrichtung hat.

Unterschiedliche Wettbewerbsformen

Verkaufswettbewerbe können im Prinzip frei gestaltet werden, der Rahmen wird durch die Zielsetzungen des Wettbewerbs gesteckt. Die Grundfrage bei der Gestaltung eines Verkaufswettbewerbs, der zusätzlich im laufenden Geschäftsjahr durchgeführt wird, lautet

▶ Handelt es sich um einen Einzelwettbewerb?

(der Erfolg des Einzelnen wird anhand der Wettbewerbsregeln gemessen)

oder

▶ Handelt es sich um einen Teamwettbewerb?

(die Ergebnisse eines Verkaufsteams werden gemessen, es wird ein Team-Ziel ausgelobt)

Mit der Frage ob Einzel- oder Teamwettbewerb ist die Frage der Zielerreichungsprämie eng verknüpft. Ebenfalls muss die Fragestellung im Einklang zum laufenden Jahresverkaufswettbewerb stehen.

Üblicherweise wird neben dem Provisionsprogramm für das laufende Geschäftsjahr auch ein Jahresverkaufswettbewerb etabliert. Das Erreichen des Verkaufsziels (100 Prozent), bedeutet dann nicht nur die

Realisierung des Zieleinkommens, sondern auch die Teilnahme an einem Wertschätzungsprogramm.

Bei Zielerreichung im zusätzlichen Verkaufswettbewerb kann die Entlohnung mittels Prämie in Geld- oder Sachform durchgeführt werden. Die Entlohnung in Sachform (Kurzreise oder Sachpreise) ist genauso attraktiv wie eine Entlohnung durch Geld.

> *Ein US-Unternehmen der Fotoindustrie hat anlässlich eines Verkaufswettbewerbs einen Prämienkatalog zusammengestellt. Jeder Vertrag, der im Wettbewerb erfasst war, wurde nach bestimmten Kriterien mit Punkten versehen. Die Summe der Punkte stellte einen Geldwert dar. Am Ende des Wettbewerbs hatte jeder Vertriebsmitarbeiter die Möglichkeit, aus einem Prämienkatalog Sachprämien gegen Punkte einzutauschen (vom PC bis zur Waschmaschine).*

Incentives

Das Incentive (Wertschätzungsprogramm) stellt eine besondere Form der Mitarbeiterwertschätzung dar, die im Vertrieb weit verbreitet ist. Die Teilnahme an einer Incentivemaßnahme ist in der Regel an die Erreichung von Zielen geknüpft.

Die klassische Form bildet das jährliche Wertschätzungsprogramm für diejenigen Vertriebsmitarbeiter, die die gesteckten Jahresverkaufsziele erreicht (mindestens 100 Prozent) oder übertroffen haben. Häufig wird dieses Wertschätzungsprogramm mit einer Kurzreise inklusive Rahmenprogramm ausgestaltet. Einer der Höhepunkte einer Wertschätzungsreise bildet die persönliche Ehrung der Vertriebsmitarbeiter durch die Verkaufsleitung und/oder die Geschäftsführung. Die Leistung wird nach außen hin durch die Übergabe einer Urkunde oder ähnliches dokumentiert.

Die persönliche Wertschätzung beinhaltet eine emotionale Komponente von höchster Wirkung auf den Mitarbeiter, die sich in der Regel sehr positiv auf seine Motivation auswirkt. Die auf den ersten Blick eher eigentümlich wirkenden Namen derartiger Veranstaltungen wie z. B. Top-Club, 100 %-Club, Club der Besten, usw. sind in ihrem Einfluss auf die Motivation jedoch unübertroffen.

Jeder Mensch braucht Anerkennung für seine Leistung. Die Teilnahme an einem elitären Kreis sowie die öffentliche Ehrung durch das Management erfüllen den Vertriebsmitarbeiter mit Stolz auf die Erreichung der Ziele, geben ihm persönliche Anerkennung und Dank für die Leistung. Zusammenfassend bildet die Motivation durch persönliche Wertschätzung die Hauptfunktion von Incentives.

Neben dem jährlichen Wertschätzungsprogramm für diejenigen Vertriebsmitarbeiter, die die Vertriebsziele erreicht haben, gibt es auch im laufenden Geschäftsjahr eine Reihe von Anlässen, um besondere Leistungen mittels Incentive zu würdigen. Dies gilt zum Beispiel für das Erreichen von Etappenzielen im laufenden Geschäftsjahr, die z. B. durch zeitlich befristete Verkaufswettbewerbe ausgelobt werden.

In Abbildung 26 wird beispielhaft ein Incentivesystem vorgestellt. Grundsätzlich ist jedes Incentive frei gestaltbar, es muss jedoch nachvollziehbar sein und eine sinnvolle Bezugsgröße haben.

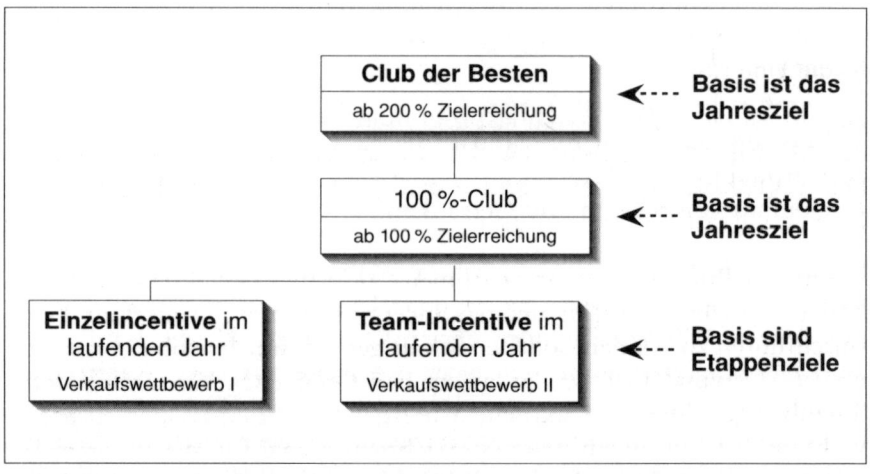

Abbildung 26: Schematischer Aufbau eines möglichen Incentivesystems

Bei der Einführung und Durchführung von Incentivemaßnahmen muss sich das Unternehmen darüber im Klaren sein, dass

▶ **Incentives einen hohen organisatorischen Aufwand mit sich bringen,**
Das Unternehmen kann auf Incentive-Agenturen zurückgreifen, die sich auf die Organisation und Durchführung spezialisiert haben.

▶ **Incentives professionell durchgeführt werden müssen.**
Nichts verfehlt die Wirkung mehr oder erreicht sogar das Gegenteil als halbherzig und oberflächig „zusammengebastelte" Incentives.

Der Vorbereitung und Zielsetzung muss hohe Aufmerksamkeit gewidmet werden. Dazu zählen

- Festlegung des Reiseziels (Jahreszeit beachten),
- die Länge der Reise (An- und Abreise im Verhältnis zum Aufenthalt vor Ort),
- das Rahmenprogramm (Abwechslung und Alternativen),
- Stil und Rahmen der Ehrung (Urkunden, Ansprache)
- die Unterkunft,
- Komfort bei An- und Abreise,
- Reiseunterlagen vor Reiseantritt,
- Zeitpunkt der Reise,
- Qualität von Speisen und Getränken.

Wenn das Budget eines Unternehmens aufgrund der aktuellen Marktsituation nicht ausreicht, um das Incentive in der gewünschten Form durchführen zu können, sollte ernsthaft geprüft werden, ob es nicht besser ist, es einmal ausfallen zu lassen. Es ist einfacher, Verständnis dafür aufzubringen, dass die aktuelle Unternehmenssituation das Incentive nicht zulässt (vor allem ist es ein wichtiges Signal für alle anderen Abteilungen) als den Schaden für einen Flop wieder gutzumachen.

Aber, Incentives sind nicht immer nur eine Frage von kostspieligen Aktionen, es kommt im Wesentlichen darauf an, dass der Mitarbeiter das ernsthafte Interesse des Unternehmens spürt, ihm eine Wertschätzung zukommen zu lassen. Es ist wie bei der Einladung zu einem Essen: Nicht das was auf den Tisch kommt ist in erster Linie entscheidend, sondern der Gast sollte spüren, dass sich sein Gastgeber um ihn bemüht und dies auch zum Ausdruck kommt.

○ Die stetige Entwicklung und/oder Weiterentwicklung eines fairen Entlohnungsprozesses ist Aufgabe des Vertriebsmanagements.

○ Die Kombination des fixen und variablen Entlohnungssystems ist eine sinnvolle Entlohnungsform im Verkauf.

○ Der Vertriebsmitarbeiter kann sein Einkommen „selbst" gestalten.

○ Das Provisions-/Prämiensystem richtet sich im Wesentlichen an der Wertschöpfung der einzelnen Geschäftsvorfälle für das Unternehmen aus.

○ Bei einem komplexen Leistungsangebot ist es schwierig bis unmöglich alle Geschäftsvorfälle eindeutig zu regeln.

○ Fragen Sie das Unternehmen nach der konkreten Entlohungsform.

○ Welches Zieleinkommen können Sie bei 100 % Zielerreichung erwarten?

○ Wie werden die Geschäfte verprovisioniert? Können Sie sich damit „anfreunden"?

○ Flankieren Verkaufswettbewerbe das gültige Provisions-/Prämiensystem?

○ Wie hoch ist bei einem kombinierten Entlohnungssystem (fix/variabel) das Grundgehalt?

○ Welche anderen Entlohnungsbestandteile (z. B. Firmen-Pkw) hat das Unternehmen vorgesehen? Wie sind diese Bestandteile ausgestaltet?

○ Wird im Unternehmen über Incentives motiviert? Wie werden sie gestaltet und durchgeführt?

○ Vgl. auch die Fragen zum Thema Entlohnung und Gehaltsbestandteile auf Seite 48 f.

Glossar

Betriebswirtschaft

Die Betriebswirtschaft oder Betriebswirtschaftslehre hat im Gegensatz zur Volkswirtschaftslehre den Betrieb, also das einzelne Unternehmen mit seinen Funktionen und Beziehungen zum Markt als Erkenntnisobjekt festgelegt.

Benchmarking

Unter Benchmarking versteht man den Vergleich von Daten der eigenen Organisation mit anderen Organisationen, z. B. die prozentuale Höhe der Verwaltungskosten zum Umsatz. Ziel des Benchmarking ist es herauszufinden, welchen Rang das eigene Unternehmen im Vergleich zu anderen einnimmt und was andere Organisationen besser machen, falls die eigene Organisation schlechter abschneidet. Interessant wird Benchmarking, wenn branchenübergreifend verglichen wird. Der kontinuierliche Vergleich von Produkten, Dienstleistungen, Prozessen und Methoden gibt dem Unternehmen Aufschluss über seine eigene Stellung. Benchmarking ist gleichzeitig ein Instrument zur Wettbewerbsanalyse.

Cash-Flow

Der Cash-Flow gibt Auskunft über die Zahlungsfähigkeit eines Unternehmens und darf nicht mit Gewinn verwechselt werden. Die meisten Organisationen müssen ihre Geschäftstätigkeit aufgeben, weil sie nicht mehr zahlungsfähig sind (Konkurs) und nicht weil ein Verlust erwirtschaftet wurde. Der Cash-Flow ist ein zentraler betriebswirtschaftlicher Indikator.

Controlling

Controlling wird oftmals mit Kontrolle verwechselt. Controlling bedeutet, unternehmensrelevante Bereiche oder Zusammenhänge messbar zu gestalten (z. B. Zeitdauer und Kosten für den Personaleinstellungsprozess) und anhand der Daten Ziele und Maßnahmen festzulegen. Insofern ist das Vertriebssteuerungssystem gleichzeitig ein Controlling-Instrument.

Coaching

Unter Coaching versteht man im betriebswirtschaftlichen Sinne die permanente Begleitung und Unterstützung z. B. eines Vertriebs-

Juniors durch einen zeitlich befristet zugeordneten Mentor. Er ist vergleichbar mit einem Trainer, der am Spielfeldrand stehend die Mannschaft oder einen einzelnen über die gesamte Spielzeit hinweg unterstützt und steuert.

Deckungsbeitrag

Unter Deckungsbeitrag versteht man die Differenz zwischen Umsatz und Wareneinsatz, z. B. Verkaufspreis des Wäschetrockners für 620 € (Euro) abzüglich des Einkaufspreises in Höhe von 400 €. Der Differenzbetrag oder Deckungsbeitrag beträgt 220 €. Der Deckungsbeitrag soll dann die nachfolgenden Kosten wie Lohn/Gehalt, Miete, Strom, etc. abdecken. Im Amerikanischen wird der Deckungsbeitrag als Gross Marge bezeichnet.

Dissonanz, kognitive

Eigentlich nichts typisch betriebswirtschaftliches, sondern vielmehr allzu menschliches. Die kognitive Dissonanz beschreibt das unangenehme Gefühl, das sich nach einer wichtigen Entscheidung, z. B. Kauf eines neuen Pkws, Zweifel an der Richtigkeit der getroffenen Entscheidung einstellen. Im Investitionsgütervertrieb ist es wichtig, den Kunden nach einer Kaufentscheidung in der Richtigkeit seiner Entscheidungsfindung zu bestärken.

Entscheider

Person oder Personengruppe, die die Entscheidung für oder gegen eine Investition treffen. Bei mittelständischen Unternehmen ist der Entscheider meistens mit der Geschäftsleitung gleichzusetzen. In Großunternehmen können investitionsrelevante Entscheidungen von einzelnen Mitarbeitern (Einkäufer, Organisationsverantwortliche, usw.) oder von einem Beschaffungsteam getroffen werden.

Erfolg

Unter Erfolg versteht man das Erreichen eines vorher gesteckten Ziels.

Erfolgsmessung

Die Erfolgsmessung ist notwendig, um festzustellen, ob ein Ziel erreicht wurde. Voraussetzung dafür ist, dass das Ziel oder der Grad der Zielerreichung messbar ist.

Erfolgsfaktoren

Unter Erfolgsfaktoren versteht man diejenigen Tätigkeiten oder Instrumente, die hauptverantwortlich oder besonders wirksam im Hinblick auf eine Zielerreichung sind.

Führungsphilosophie

Führungsphilosophie beschreibt die Leitideen des Führungskonzeptes eines Unternehmens. Oftmals wird die Führungsphilosophie in die

Leitlinien des Unternehmens, die schriftlich verfasst und veröffentlicht werden, verankert.

Gewinn

Gewinn – im Amerikanischen als „profit" bezeichnet – ist der positive Differenzbetrag zwischen Umsatz abzüglich Wareneinsatz und Kosten.

Gesamtmarktvolumen

Summe der Nachfrage eines Marktes innerhalb eines bestimmten Zeitraums. Es zeigt das mögliche Umsatzvolumen auf (=100 %) und lässt Planungen auf zu erreichende Anteile zu.

Handelsvertreter

Nach dem HGB (Handelsgesetzbuch) ein selbstständig Tätiger, der im fremden Namen, auf fremde Rechnung als Absatzmittler (Bindeglied zwischen Hersteller und Kunden) arbeitet. Im Gegensatz zum Handelsvertreter ist der Reisende im Unternehmen fest angestellt.

Investitionsgüter

Im Privatbereich werden Konsumgüter (z. B. Milch) von Gebrauchsgütern (z. B. Staubsauger) unterschieden. Gebrauchsgüter sind langlebig und erfüllen ihren Zweck mehrfach (z. B. reinigen). Gebrauchsgüter im betriebswirtschaftlichen Sinne werden Investitionsgü-ter genannt, z. B. eine Telefonanlage oder eine Produktionsmaschine.

Innovationen

Innovationen sind Weiter- oder Neuentwicklungen, die fortschrittlich sind und als neues Produkt oder neue Dienstleistung im Markt angeboten werden.

Image

Der Begriff Image umfasst die Meinungen und Einstellungen von Personen zu einer Sache oder einem Sachverhalt. Die gewollte positive Veränderung des Image eines Unternehmens ist nur mittelfristig erreichbar, da Einstellungen verändert werden müssen. Hingegen ist der Imageverlust oder die Schädigung, z. B. ausgelöst durch einen Skandal, schnell erreicht.

Kernkompetenz

Sich auf seine Kernkompetenzen zu konzentrieren heißt, hauptsächlich an den Dingen zu arbeiten, die dem eigentlichen Zweck eines Unternehmens entsprechen. Nach der Aufkaufwelle der 70er Jahre entfernten sich Unternehmen wie AEG oder Kodak zunehmend von ihrer eigentlichen Kernkompetenz. Die Mischkonzernkonzeption war geboren. Heute zeichnet sich ein gegenteiliger Trend ab, da erkannt wurde, dass es sehr schwierig ist, „unternehmensfremde" Bereiche optimal zu managen.

Kosten

Kosten sind der in Geld bewertete Leistungsverzehr eines Unternehmens. Im Zeitpunkt der Entstehung von Kosten führen diese nicht zwangsläufig zu einer Auszahlung. Beispielsweise sind Abschreibungen, in denen der Wertverzehr z. B. einer Produktionsmaschine zum Ausdruck kommt, nicht zu bezahlen. Bei Kauf der Produktionsanlage wurde die Auszahlung bereits getätigt. Kosten und Auszahlungen sind nicht das Gleiche. Aus diesem Grund können Kosten auch nicht gespart, sondern allenfalls gesenkt oder erhöht werden.

Kosten, fixe

Fixe Kosten sind mengenunabhängige Kosten, die z. B. bei einer Produktionsmaschine auch dann entstehen, wenn diese gar nicht produziert (Abschreibungen, Versicherung).

Kosten, variable

Variable Kosten sind mengenabhängige Kosten, die erst entstehen, wenn z. B. die Produktionsmaschine in Betrieb genommen wird (Schmierstoffe, Materialstoffe).

Kosten-Management

Das Kosten-Management umfasst die Aufgabenbereiche und Tätigkeiten, die notwendig sind, um die Kosten zu bestimmen und Pläne zu deren sinnvollen Senkung und/oder Erhöhung zu entwickeln. Eine Kostensenkung erhöht den Gewinn im Verhältnis 1:1.

Kapazität

Unter Kapazität versteht man die notwendige Menge an Arbeitskraft (menschliche oder maschinelle), um eine geplante Zielsetzung oder Aufgabe zu erreichen. Z. B. benötige ich x Maschinen und y Std. Arbeit um 100 Stück eines Produkts in einem definierten Zeitraum fertigzustellen.

Konkurs

Unternehmen, die Konkurs anmelden, sind zahlungsunfähig, d. h. es stehen keine Geldmittel mehr zur Verfügung, um den Verpflichtungen nachzukommen. Es wird ein Insolvenz-Antrag (Zahlungsunfähigkeitsanstrag) gestellt.

Kundenbindung

Kundenbindung heißt, durch geeignete Marketing-Maßnahmen Kunden langfristig an das Unternehmen zu binden und somit dem Wettbewerb die Chance zu nehmen, diese Kunden für sich zu gewinnen. Z. B. stellt eine langfristige Vertragslaufzeit (Servicevereinbarung für die Heizungsanlage mit einem Heizungs- und Sanitärunternehmen) eine Maßnahme zur Kundenbindung dar.

Managen

Unter dem Begriff „managen" sind alle Tätigkeiten vereint, die eine Person (ein Manager) durchführen sollte oder muss, um im Sinne betriebswirtschaftlicher Rahmenbedingungen eine Aufgabenstellung zu erfüllen. Führen, steuern, planen, umsetzen und entscheiden sind klassische Tätigkeiten von Managern.

Marketing

Marketing ist das Konzept einer marktorientierten Unternehmensführung. Die Unternehmung richtet sich dabei am Kundenbedarf aus. Marktforschung unterstützt die Unternehmen, die richtige Ausrichtung zu finden.

Marketing-Mix

Das Marketing-Mix umfasst die verschiedenen Marktinstrumente, mit denen ein Unternehmen seinen Zielmarkt bearbeitet. Zum Marketing-Mix zählen die Produktpolitik, die Preispolitik, die Kommunikationspolitik, die Distributionspolitik und die Servicepolitik.

Marge

Unter Marge wird der prozentuale Aufschlag auf den Einkaufspreis einer Handelsware verstanden.

Mailing

Ein Mailing ist eine Kommunikationsmaßnahme in Serienbriefform.

Produktivität

Die Produktivität beschreibt die Ausbringungsmenge (z. B. gefertigte Stücke) innerhalb eines Zeitraums. Der durch Produktivitätssteigerung erzielte Wohlstandseffekt ist eindrucksvoll am Beispiel der Stecknadelfertigung (Produktivitätssteigerung durch Arbeitsteilung und Spezialisierung) vom Nationalökonomen Adam Smith in seinem Werk „Wohlstand der Nationen" dargestellt.

Produktportfolio

Produktportfolio ist ein Synonym für „Angebotsspektrum" eines Unternehmens.

Profit

Amerikanischer Begriff für Gewinn.

Prozess

Beschreibung eines Ablaufs oder Vorgangs in einem Unternehmen.

Rendite

Der Gewinn oder Ertrag als prozentualer Anteil zum Eigenkapital oder Umsatz eines Unternehmens (z. B. die Eigenkapitalrendite beträgt 15 %).

Relaunch

Der Begriff Relaunch wird häufig mit dem Produkt in Zusammenhang gebracht. Produktrelaunch bedeutet, die Auffrischung und

Aktualisierung eines Produktes, um den erzielten Absatz zu halten oder zu steigern. Ein Produktrelaunch wird in der Regel kurz vor dem Ende eines Produktlebenszyklus durchgeführt.

Qualitative Ziele
Zielsetzungen, die nur schwer oder gar nicht zahlenmäßig ausgedrückt werden können und die somit auch nur qualitativ messbar werden (z. B. die Zielsetzung „Verbesserung des Betriebsklimas").

Rücklagen
Rücklagen sind dem Eigenkapital gleichzusetzen und werden vereinfacht ausgedrückt in „guten" Zeiten gebildet, um „schlechte" Zeiten zu überbrücken.

Ressort
Das Ressort ist ein aufgabenmäßig abgegrenzter Verantwortungsbereich, z. B. Finanzressort oder Personalressort.

Reisender
Siehe dazu *Handelsvertreter*

Shareholder-Value
Übersetzt: Anteils-Eigner-Wert. Das Shareholder-Value-Prinzip meint die Optimierung und Ausrichtung der Organisation auf die Steigerung des Aktienwertes. Das Ergebnis soll dem Anteilseigner (Aktieninhaber) zugute kommen.

Dieses Prinzip ist dann risikoreich für das Unternehmen, wenn ausschließlich danach ausgerichtet wird. Die Entscheidungsträger im Finanzmanagement haben dann den stärksten Einfluss. Finanzmanager neigen dazu, eher Kosten zu senken und zeigen in der Regel wenig Risikobereitschaft, die jedoch notwendig ist, um Innovationen zu fördern, neue Märkte zu erobern, usw.

Spieltheorie
Die Spieltheorie stellt einen Ansatz zur Bewertung von Entscheidungsalternativen dar. Sie untersucht das wahrscheinliche Verhalten von Beteiligten (Personen, Unternehmen, etc.), wobei angenommen wird, dass die Beteiligten jeweils in ihrem eigenen besten Interesse handeln werden.

Strategie
Eine Strategie beschreibt die Maßnahme oder das Maßnahmenbündel, wie ein Ziel erreicht werden soll. Die Strategie besitzt einen zeitlichen und einen inhaltlichen Bezug.

Umsatz
Der Umsatz ergibt sich aus Absatzmenge x Verkaufspreis. Umsatz ist nicht immer gleichzusetzen mit Einzahlungen. Der Teil, der Umsatz bedeutet aber noch nicht als Einzahlung zur Verfügung steht, wird als Forderung bezeichnet.

Unternehmenskonzept

Im Unternehmenskonzept sind der Zweck eines Unternehmens, die Unternehmenszielsetzung (Rendite, Gewinn) sowie die Basisunternehmensstrategie (Wachstum oder Erhaltung) verankert.

Unternehmenskultur

Die Unternehmenskultur umfasst die ethischen Grundsätze eines Unternehmens, die gewünschten Umgangsformen der Mitarbeiter untereinander und die Richtlinien zum Dialog mit Dritten (Kunden oder Organisationen), die Führungsphilosophie und den Führungsstil.

Verkaufspotenzial

Das mögliche Umsatzvolumen im Zielmarkt, das unter Einsatz der absatzpolitischen Instrumente (Marketing-Mix) erreicht werden könnte. Siehe auch *Gesamtmarktvolumen* und *Marketing-Mix*.

Vertriebsform

Die Vertriebsform beschreibt die Art der Vermarktung: Verkauf über Reisende, Handelsvertreter (Direktvertrieb), stationärer Verkauf über Automaten oder im Ladenlokal durch Verkaufspersonal (Point-of-Sale), elektronischer Verkauf (E-Commerce), usw.

Verkaufszyklus

Der Verkaufszyklus beschreibt den Verkaufsprozess (vom Anfang bis zum Ende) in einer Marktsituation.

Vertriebssteuerung

Die Vertriebssteuerung ist ein Management-Tool für Vertriebsleiter und Vertriebsmitarbeiter gleichermaßen. Ziel der Vertriebssteuerung ist es, durch Messungen und Vergleiche eine Grundlage zur Maßnahmenentwicklung zu erhalten. Vertriebssteuerung hilft ferner, den Fokus auf die Erfolg versprechenden Bereiche zu lenken.

Wettbewerbsanalyse

Im strategischen Dreieck (eigenes Unternehmen, Kunde, Wettbewerbsunternehmen) ist es für das eigene Unternehmen unerlässlich, sich über die Stärken und Schwächen der Mitbewerber im Klaren zu sein. Diese Informationen werden im Rahmen der Wettbewerbsanalyse beschafft.

Zielmarkt

Der Zielmarkt ist der vom Unternehmen gewünschte und zu bearbeitende Markt. Er ist für das Unternehmen besonders lohnend.

Literatur

Birkenbihl, Vera F.: *Psycho-Logisch richtig verhandeln,* Landsberg am Lech 1999

Blanchard, Kenneth und Spencer, Johnson: *Der Minuten-Manager,* Rheinbeck bei Hamburg 1983

Fink, Klaus-J.: *Bei Anruf Termin,* Wiesbaden 1999

Fink, Klaus-J.: *Empfehlungsmarketing,* Wiesbaden 2000

Fuchs, Wolfgang und Unger, Fritz: *Verkaufsförderung,* Wiesbaden 1999

Haller, Sabine: *Dienstleistungsmanagement,* Wiesbaden 2001

Horovitz, Jaques: *Die sieben Geheimnisse erfolgreicher Service-Strategie,* München 2000

Kotler, Philip: *Marketing-Management,* Stuttgart 1982

Maiwald, Josef: *Zeit gewinnen,* München 2001

McCormack, Mark H.: *Die Schule des Verkaufens,* München 2000

Rentzsch, Hans-Peter: *Kundenorientiert Verkaufen im Technischen Vertrieb,* 2. Auflage, Wiesbaden 2001

Simon, Hermann: *Wettbewerbsvorteile und Wettbewerbsfähigkeit,* Stuttgart 1988

Seiwert, Lothar J.: *Life-Leadership,* Frankfurt 2001

Spieß, Erika: *Der Verkäufer als Psychologe,* München 1987

Thiele, Albert: *Professionelle Verkaufspräsentation,* Wiesbaden 1996

Verweyen, Alexander: *Erfolgreich akquirieren,* Wiesbaden 1997

Witt, Jürgen; Hoffmann, Klaus; Tippkemper, Herbert; Schulte, Peter: *Modernes Marketing-Management,* Baden-Baden und Bad Homburg vor der Höhe 1983

Der Autor

Martin Maas, Diplombetriebswirt, durchlief innerhalb eines Investitionsgüterunternehmens die klassischen Vertriebspositionen vom Vertriebsbeauftragten über die Verkaufsleitung zum Regionaldirketor. Seit 1999 ist er Niederlassungsleiter eines Systemanbieters im Bereich der Büro-Technologie.